高校学生事务国际化与本土化的探索：

UIC 联合国际学院独一无二的经验

主编 黄匡忠

北京工业大学出版社

图书在版编目（CIP）数据

高校学生事务国际化与本土化的探索：UIC联合国际学院独一无二的经验 / 黄匡忠主编. — 北京：北京工业大学出版社，2018.12（2021.5重印）
ISBN 978-7-5639-6652-3

Ⅰ．①高… Ⅱ．①黄… Ⅲ．①高等学校－学生工作－研究 Ⅳ．① G645.5

中国版本图书馆CIP数据核字（2019）第 022901 号

高校学生事务国际化与本土化的探索：UIC联合国际学院独一无二的经验

主　　编：黄匡忠
责任编辑：李俊焕
封面设计：点墨轩阁
出版发行：北京工业大学出版社
　　　　　（北京市朝阳区平乐园 100 号　邮编：100124）
　　　　　010-67391722（传真）　　bgdcbs@sina.com
经销单位：全国各地新华书店
承印单位：三河市明华印务有限公司
开　　本：787 毫米 ×1092 毫米　1/16
印　　张：11.25
字　　数：225 千字
版　　次：2018 年 12 月第 1 版
印　　次：2021 年 5 月第 2 次印刷
标准书号：ISBN 978-7-5639-6652-3
定　　价：48.00 元

版权所有　　翻印必究

（如发现印装质量问题，请寄本社发行部调换 010-67391106）

主　　编　黄匡忠

助理编辑　庄健进　陈　艳

编　　委　（排名不分先后）
　　　　　　文　丹　王迎秋　叶耀中　冯丽月　朱隆芳　刘　姗
　　　　　　刘　娟　劳　青　劳颖欣　李明煌　李欣怡　李　洋
　　　　　　李靖文　吴子阳　吴彦珲　邱君茹　余西洋　陈晓芬
　　　　　　陈方姝　陈华春　陈泳诗　陈　静　陈慧敏　林艺玲
　　　　　　周惠玲　郑雪贤　赵洁秋　赵娟明　钟佩颖　袁咏珊
　　　　　　桂瑜璞　高　泓　黄夏航　黄雪霞　萧美玲　董娅婷
　　　　　　曾　毅　谢　川　蓝云剑　廖嫦丽　谭畅斐　薛紫瑜
　　　　　　魏婷婷

序　言

　　学生事务是大学的核心工作之一。如何在日常的学习生活中，把大学的教育理念融入学生事务中，以便更好地服务学生，是每个大学面临的重要课题。

　　北京师范大学-香港浸会大学联合国际学院（简称"联合国际学院"，英文简称"UIC"）是第一所由内地和香港高校合办的大学。自2005年建校以来，秉承博雅教育、全人教育和四维教育的宗旨，在引进国际上先进的教学理念的同时，积极探索一条新的结合中国国情的高等教育之路，取得了一些有意义的成绩，得到了社会的广泛认可。

　　由于UIC没有班级的设置，也没有内地高校的辅导员的体系，因此在学生工作开展的许多方面有别于内地的高校。本书的内容涉及学生事务的方方面面。在诸如新生入学时的教育、学生的舍堂生活及其管理、学业和心理辅导及师生关爱、学生自律和纪律的养成、学生组织的管理和学生社团工作的开展等多个方面都进行了较为深入的研究。作者都是长期在一线工作的教职员工。他们在相关的工作方面结合对国际上学生事务的学习，在UIC进行了积极的探索与积累了丰富的经验和心得。相信这些经验和心得对于其他高校开展学生工作有一定的借鉴意义。

北京师范大学–香港浸会大学联合国际学院
张聪 教授
党委书记、副校长
2018年冬季

目 录

第一章　UIC学生事务的国际化与本土化 ……………… 1
　第一节　90后 ……………………………………………… 1
　第二节　香港高校的传承 ………………………………… 2
　第三节　学习国际学生事务的组织 ……………………… 4
　第四节　建立学生事务的坐标 …………………………… 5
　第五节　国际化的学生事务工作架构 …………………… 5
　第六节　学生事务的创新和实践 ………………………… 6
　第七节　学生事务与转型期社会的互动 ………………… 7
　第八节　现代学生事务的目标 …………………………… 9

第二章　大学之道教育 ……………………………………… 11
　第一节　大学之道 ………………………………………… 11
　第二节　教授内容 ………………………………………… 12
　第三节　推行方式 ………………………………………… 15
　第四节　UIC学生事务导师的角色 ……………………… 16
　第五节　教学评估 ………………………………………… 17
　第六节　家长应知——学业与人发展之并重 …………… 18

第三章　自控力与自我效能的培养 ………………………… 21
　第一节　大学生自控力的培养 …………………………… 21
　第二节　意志力团队训练知识课程 ……………………… 23
　第三节　自我效能的培养 ………………………………… 25
　第四节　辅导干预提升学生学习效能感 ………………… 26
　第五节　专业辅导在提升自我效能感中的作用 ………… 28

第四章　身心灵的成长及辅导 31
第一节　大学生成长 31
第二节　身心灵理念及活动 31
第三节　UIC 的心理辅导 37

第五章　学习型社交圈的建立 45
第一节　学习型社交圈角色介绍 45
第二节　UIC 学生事务管理的特点分析 49

第六章　预防胜于处理——学生守规的社区教育 59
第一节　引　言 59
第二节　UIC 预防及处理学生违纪的机制 59
第三节　学生违纪行为处理机制本土化 65
第四节　校园法治文化建设 70
第五节　总结与建议 73

第七章　"社区结合"应纳入高校表现评价的指标体系 77
第一节　海外高等教育和社区结合的发展 77
第二节　联合国际学院和社区结合的探索 79
第三节　联合国际学院的社区为本研究 81
第四节　联合国际学院的社区改善典范 82
第五节　联合国际学院的社区反馈学习 86
第六节　总　结 87

第八章　未来社会服务型领袖的发展路径 89
第一节　服务型领袖 89
第二节　服务型领袖的发展方向 92
第三节　UIC 推行服务型领袖发展理念 94
第四节　UIC 培养学生领袖的本土经验 103

第九章　校园社会企业——创业精神与公益情怀同行 105
第一节　社会企业概述 105

第二节　社会企业的发展经验 ············ 108
第三节　社会企业在校内的运作模式 ······ 110
第四节　校园社企案例 ···················· 114
第五节　校园社企的推行 ·················· 118

第十章　学生组织发展的推动 ············ 121
第一节　UIC学生组织概况 ·············· 121
第二节　UIC推动学生组织发展的机制 ··· 124
第三节　UIC学生会换届选举的探讨 ····· 131
第四节　学生组织对学生能力的培养 ····· 133

第十一章　师生关爱 ······················ 135
第一节　MCP简介 ······················· 135
第二节　MCP中的角色与职责 ··········· 141
第三节　朋辈导师守则 ···················· 143

第十二章　全人教育的理念和实践 ········ 151
第一节　欧美博雅教育的传统与诠释 ····· 151
第二节　全人教育的国际化与本土化 ····· 152
第三节　体验学习——全人教育的教学法 · 153
第四节　全人教育的课程内容 ············ 153
第五节　课堂外的全人教育 ·············· 154
第六节　全人教育的社会效应 ············ 155

第十三章　培养大学生的抗逆力 ·········· 157
第一节　大学生需要抗逆力 ·············· 157
第二节　抗逆力与性格优势研究 ·········· 158
第三节　大学毕业生抗逆力与性格优势调查 · 159
第四节　抗逆力培育 ······················ 162

参考文献 ································· 165

第一章　UIC 学生事务的国际化与本土化

第一节　90 后

　　北京师范大学 - 香港浸会大学联合国际学院（以下简称"联合国际学院"）是中国内地与香港合办的一所实验大学，肩负着替国家引进国际化课程和国际化大学的管理模式、探索中国高校如何吸收境外先进高校教育模式的优点，并与中国社会转型期的种种社会现实状况相结合以推动我国高等教育的持续改革的重任。联合国际学院创立于 2005 年，第一届学生只有 200 多人，2017 年已发展至 5600 多人。教学最早借用北京师范大学珠海分校的一些教室，2008 年才建立了自己的教学楼和生活区域。其后珠海市政府批地允其建设独立校园，2017 年全新的校园投入使用。在硬件的建设和发展上可以说是一项奇迹，联合国际学院得到了各方的眷顾。

　　从 2007 年开始，笔者在联合国际学院管理学生事务，在大学生群体中看到了许多有趣的社会现象。这一代中国大学生的一个特点就是他们大多来自独生子女家庭。如果他们能负担得起较高的学费，这意味着他们来自相对"小富裕"的家庭；如果他们也能进入对成绩比较有要求的学校，那么他们显然是"小高分"的学生。这些因素的结合塑造了我们的学生的集体个性。

　　笔者过去以为独生子女在处理社会关系上可能比较欠缺，但事实恰恰相反。我们的学生很外向，很善于交际。然后，笔者了解到因为他们没有"兄弟姐妹"，所以大多数父母都自觉地意识到需要使他们的独生子女培养社交技能。家长们把这些年轻人从小便送进幼儿园，甚至是学前兴趣班。他们通过早期与同龄小朋友的互动来弥补社交圈子的不足。这是否意味着问题已经解决了？

　　后来笔者发现情况并非如此。虽然从表面上看我们的学生很善于交际，但在处理亲密关系方面他们会遭遇很大的困难。例如，室友的关系在这里是一个大问题，因为当涉及住在同一个房间时他们便不能妥协。他们中的大多数从来不和别人共用房间，当然他们也没有人可以分享玩具。对他们来说在生活习

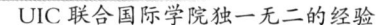

惯上妥协并不容易。

这导引出了另一种文化行为，指的是那些在同一群体中常见的特定的习惯性行为，即他们不愿意接受"不"作为回答，也不会说"不"。这些惯性行为是由特定的思维方式和价值观形成的，他们针锋相对，但"不能也不懂什么是退让"，不会妥协。看似矛盾的现象，但却是同一枚硬币的两面。

部分学生不愿意接受规则，总是试图改变规则来满足他们的需求。如果他们认为"轻微"违反规则而对另一个人没有"直接"的身体伤害，就不用守规。有些人看不到保护共同利益或多数权利的必要性，如果法治违背了一己愿望，诀窍是"不要被抓住"。"目的"可以肯定"手段"的正当性，在内心深处他们不能接受"不"，因为他们的父母从来不对他们说"不"。

令人惊讶的是，如果一个他们认为是朋友的人，同一个圈子里的人，他们却不懂得拒绝"好友"的要求，不管这要求合不合理。他们根本不知道如何对一个"熟悉的"人说"不"。事实上他们的性格并不具备能面对人际间"对峙"或"冲突"的能力。这就解释了为什么家庭暴力是常见的，人际关系而不是理性支配着人们日常生活的决定，群体无意识决定了一个人即使处在对个体不利的条件下却不知如何反应。

有学者曾将此社会现象描述为"自恋"。笔者认为这是自恋与内化的威权人格相结合的产物，尽管这样理解可能过于简单化而且没有理论依据。

笔者从自己的学生那里观察到的另一个特点是对成功的"狭定义"。在中国学而优则仕，所以对大多数人而言，担任政府公务员是成功的一个标志。出生在富裕家庭中的人对成功的定义主要是金钱和职业的威望。没有金钱回报却努力去做，被认为是没有道理的。中国父母喜欢把自己孩子的"成功"和其他孩子比较，因此，"成功"是相对的，没有客观满意的标准，是无底洞；比如拥有房子、车子，越多越好。这就解释了为什么一个中国学生如果一直以来获得"A"，一次获得"B"时他可能会自杀。这也解释了为什么一个中国毕业生如果找不到一份"体面"的工作，他宁愿把自己的生命浪费在家里玩游戏，而不是作为普通劳动者去工作。他们渴望表现但对自己没有信心。

第二节 香港高校的传承

联合国际学院自2005年开办以来，一直考虑的核心问题是如何展开学生事务。从引入经验的需要而言，我们当然会引用香港浸会大学的宝贵经验。香港浸会大学的办学理念与模式，可追溯为美国模式。但香港浸会大学已有五十多年历史，其美国体制在一定程度上也受到中国文化的影响。香港年轻学生的价值观便与美国青年人的价值观有所不同。即使在美国，他们的东方学生也与美国本土学生表现不同。东方文化非常重视下一代的教育，一些研究便发现移民美国的越南家庭虽然第一代移民都家境清贫，但下一代学习表现都非常优秀。同样，在二十世纪八十年代之前香港整体社会仍未富裕，大部分家长都是双职工，甚至身兼数职；但他们都盼望子女健康成长，顺利就业。当时大学资源非常短缺，穷家子弟能跻身大学，犹如改变一个家庭的命运，家凭子贵。

在不同的社会背景下大学教育的模式也会做出不同的调适，其后香港浸会大学接受香港政府资助成为公立大学之一，其宗教色彩大为淡化，但仍坚守着全人教育的传统和为社会服务的精神，其办学理念亦展示于其学生事务工作之中。

一个明显的例子即香港浸会大学追求的毕业生特质（Graduate Attributes）。浸会大学为其学生最终的能力、行为和态度表现，总结了七项毕业生特质，包括：

（1）公民（Citizenship）；

（2）知识（Knowledge）；

（3）学习（Learning）；

（4）技巧（Skills）；

（5）创意（Creativity）；

（6）沟通能力（Communication）；

（7）群体（Team Work）。

香港浸会大学特别看重对学生的人文关怀，希望学生不要成为只有专业技能的工匠，而是成为一个全面发展的"全人"。联合国际学院亦同样以上述七项特质为毕业生的表现要求。

香港浸会大学设有全人教育教与学中心（Centre for Holistic Teaching and Learning），鼓励学生参与课外活动。学生组织之中，香港浸会大学的社会服务团颇受关注，其后香港浸会大学也推崇学科进行"社区结合教育"（Community-based Teaching）。香港土地珍贵而公共交通发达，所以大学生只能走读。2012年香港实施大学四年制，之前为三年，只有香港中文大学曾实施四年大学教育，而香港学生的大学生活的四年可能只有一年能体验宿舍生活，称为"四年一宿"。香港浸会大学的宿舍不多，只有一幢高楼，共1770床位。但为了丰富大学的舍堂生活（Hall Life），浸大设立了4个舍堂，即杨振宁堂、周树人堂、蔡元培堂和宋庆龄堂，以人名命名。每个院舍均委任大学教师为舍监，亦居住于宿舍之内，与住宿生共同生活，此即为大学的舍堂文化。舍堂文化起源于英国剑桥及牛津等学府的传统，当时社会交

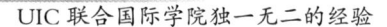

通不便，英国大学的老师和学生的学习与生活多发生于同一栋大楼，早晚都在一起并借此建立亲密的师生关系，因此在香港各高校当中，香港大学的舍堂文化尤其蓬勃，其中一个古老的舍堂建于 1861 年，该建筑物由香港大学于 1954 购入，1956 年正式用作男生宿舍，并改名为"大学堂"（University Hall）。联合国际学院创校校长吴清辉教授及学术副校长徐是雄教授与香港大学渊源甚深，故此联合国际学院对香港大学的学生工作经验亦有所参照。

除了香港浸会大学和香港大学学生事务工作值得我们参考之外，我校亦有来自香港城市大学和香港中文大学的老师，所以我们设计联合国际学院的学生工作时其实是兼收并蓄，尽取各家之长而不拘一格，而且我们的目光没有受限于香港一地，而是把视线投向了远方。

第三节　学习国际学生事务的组织

高等教育的改革是与时俱进的，每一个变化都有特定的时代的使命与挑战。我们身处的时代变化更是频繁。随着资讯科技的发达与信息时代的来临，大学教育的传统功能，特别是单纯的知识传授、功能日益受到冲击。其实科学知识的快速更新换代，在任何一个领域均是如此，并不限于资讯科技领域。信息传递的即时化和零成本化，加速了其他科学领域的知识和研究成果的交流。以往一份实验报告在学术期刊登载以后需要很长时间才能为人认识和接受，但今天在网上一旦公开发表以后，全球皆知，马上有人开始复制研究和后续研究。

科技教育的发展一日万里，意味着人文教育不可抱残守缺一成不变，但也不代表人文教育不再重要，反之是大学教育逐渐回归到人文教育的怀抱。联合国际学院建校之初，便矢志成为我国内地第一所博雅大学。

博雅大学在欧美均有悠久的历史和传统，联合国际学院亦于建校初期便与美国众多博雅大学建立紧密联系，举办教职员交流活动，安排学生前往美国暑期学习，让学生以交换生身份在欧美等历史悠久的大学学习半年或一年，而且互认学分不影响学生原来四年本科毕业的计划。

其中值得深入介绍的是美国明尼苏达州的"明尼苏达私立大学联盟"（Minnesota Private College Council），其中多为博雅大学，都强调师生关爱，深受家长的欢迎与支持。在学生事务工作方面，我们与美国哈姆林大学的学生事务处建立了紧密联系，他们的学生事务长两次来访我校，我们之后数年亦每年派一位同事前往哈姆林大学和其他明尼苏达私立大学联盟的会员大学学习。我们在这时期是以哈姆林大学的学生事务工作为坐标的。

第四节　建立学生事务的坐标

哈姆林大学学生事务处有精密的架构，不同部门也有详尽的工作程序，我们的同事前往学习后对其均有很高的赞誉。该大学建校超过一百年，人文精神沉凝厚重。作为一所博雅大学哈姆林大学处处折射出以学生为中心的精神。有几点印象尤为深刻，首先是该校所有部门的网页都会展示该部门的使命和愿景，部门的使命和愿景又与该大学的使命和愿景互相呼应。所以我们要学习的第一件事情就是订立联合国际学院学生事务处的使命和愿景，现载于下。

（1）我们的使命：

致力建设一个理性与充满关怀的生活和学习空间，建设一个传承文化与思考未来的终生学习社区，鼓励同学参与社会实践，在课外尝试待人接物和建立关怀的信念，提供各种活动资源及信息，培养学生成为具有卓越才能和国际视野的服务型领袖。

（2）我们的愿景：

贯彻联合国际学院博雅教育的理念，推行全人教育，建设终生学习社区。

（3）我们的口号：

热忱是工作的灵魂，微笑是工作的形象；

勤奋是工作的态度，负责是工作的原则；

听同学思考的事，思同学方便的事，

做同学未知的事，想同学关心的事；

没有完美的人，却有追求完美的团队；

风雨中做事，才能阳光下做人；

你们的认可是我们最大的动力；

关心每一个细节，做好每一件小事，让我们一起成长。

上述使命和愿景，制订于2008—2009年，至今看来仍未过时。口号都是学生事务处同事自己设计的，既反映他们的心声，也有自我鞭策的作用。

第五节　国际化的学生事务工作架构

哈姆林大学的学生事务处，有精密的组织架构和精细的工作程序，值得我们借鉴。香港各大学和英美主流大学的学生事务处结构大同小异，但却与中国内地高校有所不同。

中国内地高校的学生事务架构，可以说是配合着大学及下属各学院建立

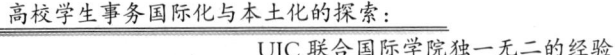

的，亦即由大学至学院至各学科再分年级，然后按学生人数的一定比例，配备学生"辅导员"，或称班主任老师。

这种学生处组织或"架构性分工"，其实有很多好处。一方面辅导员与学生年纪相近，容易理解和沟通。学生在学业上生活上有什么问题，都会向辅导员即班主任提出。但很多高校由于资源的限制，往往学生相对辅导员的比例较高，而且学生无时无刻可以联系辅导员也让"班主任"不堪负荷，如果辅导员正在读研压力可想而知。在人力资源充足的情况架构性分工并无不妥，这种传统的体制在过去十年已经历不少变革，例如很多高校都会另行设立专业的学生心理辅导中心，或在学生当中选出舍长及层长以配合和减少辅导员的日常琐碎事务。有些高校亦尝试推行学生朋辈辅导，以补充辅导员制度的人力和社交资源。当然学生事务处亦会使用学生志愿者或通过勤工俭学方式减轻人手不足的工作压力。

联合国际学院创建学生事务处之初，引入了香港大多数高校普遍应用的组织，或称为"功能性分工"。香港高校学生事务处的体制与欧美接轨，分为宿舍管理、社团管理、学生设施管理和其他一般性学生服务。欧美学生事务处亦会拓展服务范围，包括个人成长及心理辅导、学业及职业发展辅导服务、奖助学金工作，以及学生服务学习和实习等。由于全球化的影响，学生事务处更会协助安排学生前往海外考察，进行文化交流，暑期进修，甚至进行交换生计划。

联合国际学院学生事务处借鉴了香港和欧美高校的经验，设立了四个工作组，即：

（1）服务型领袖发展组；
（2）学习型社区发展组；
（3）个人成长及辅导中心；
（4）学生支援服务组。

第六节　学生事务的创新和实践

功能性分工的体制，可以让我们的工作更为专业。例如服务型领袖发展组，致力于同学组织能力、解难能力、社交能力、论辩能力、理财能力、宣传能力的方方面面的培育，中外均有非常多系统化的课程可以参考，也有无数的青年研究可以指导我们的工作。又例如个人成长及辅导中心，我们的专业辅导员都必须接受应用心理学、心理辅导学，或社会工作学硕士或以上课程的训练。

至于学习型社区发展组，我们在这方面没有引用哈姆林大学的做法。因为美国的大学没有太重视宿舍的活动和教育意义，他们的管理人称为"宿舍总管"（Superintendent），扮演的只是有如"房东"的角色，负责入宿和维修等事务。当然若碰到在宿舍内发现学生有违法行为时，宿舍总管定会马上向学生事务处报告或按指引报警。

　　联合国际学院学生事务处在这方面引入了英国高等教育即"舍堂文化"（Hall Culture）的传统。我们认为宿舍不应是学生单纯生活的地方，更是学习的地方，是促进师生共同学习、分享交流的地方。在宿舍里老师可以打破课室的局限，与学生在一个自然的气氛下交流和分享人生。所以我们共设立了八个舍堂，即：博雅苑、创雅苑、文雅苑、德雅苑、科雅苑、卓雅苑、智雅苑及寰雅苑。我们为每个舍堂委任了一位教学人员担任舍监，作为学生的精神领袖，舍监在学生事务处的同事及苑舍学生会的协助下，开展各种中小型文娱及学习活动，以丰富学生的苑舍生活，让学习生活化，让生活学习化。例如我们都知道大学应该重培养学生强健的体魄，这不能仅依靠体育课来进行，苑舍活动正好补充了这方面的空白。

　　学生支援服务组的工作较为广泛。香港其他高校在学生事务处之下都会设立学生职业辅导发展中心，因为毕业生能迅速找到工作也被社会及家长视为学校业绩之一。联合国际学院的生源与香港高校不同，超过六成学生都准备毕业后开读硕士课程，所以帮助同学认识个人的职业性向相对于就业安排，更为重要，所以我们的工作重点之一是对"职业取向分析和职业生涯规划"的辅导。

　　要进行非正规教育，理论上在校园内任何地方都可以进行，例如公园或餐厅，但这些地方却并非"组织非正规教育"的理想场所。联合国际学院为此特别设计和兴建了两所"师生活动中心"，在中心内学生可分区活动：休息，讨论作业，看书，听音乐等。但学校所有老师及社团学生干事，均可借用场地举办生日会、茶话会、研讨会、电映会等活动，一些老师会定期举办新闻评论会、文学欣赏会，或其他兴趣活动，内容多种多样。学生支援服务组依托师生活动中心向师生提供各类服务。日后也可考虑把管理师生活动中心的部分工作，交由学生会干事会承担。

第七节　学生事务与转型期社会的互动

　　管理学生事务的一些国际化结构引入我国之后，当然会因为文化的不同而产生微妙的转变。

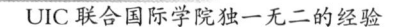

一、学生社团的自务化

笔者原以为这是西方社会较为接受的传统，即透过组织社群去实践个人的理想。笔者以为鼓励中国内地学生自己组织社团，自发组织活动和一切自主，不要等待学生事务处的老师指令，将不会为大多数同学所接受。但实践的结果恰恰相反，我们的学生尤其热衷成立自己的社团，要另创一番事业。

笔者以为东方学生习惯了"被动享受服务"，愿意接受领导多于承担责任或思考如何解决难题，但这"以为"没有成立，笔者惊诧于他们组织会社的热诚。学生立即接受了"自主学生社团"的制度，他们不断创办社团，而且要把社团做大做强。笔者希望自主学生社团的体验能有助学生日后创业，把艰苦建立社团过程中积累的工作方法和心得，应用于以后的创业或工作中。

二、室友关系的包容性

学生宿舍的一些国际化管理方法也受到中国学生的挑战。例如我校宿舍设计原有二人间、三人间、四人间及少量多人间，但每年学生都一再要求选择二人间。西方人认为东方人喜爱群居，这一观点显然过时了，或者是我校学生正好是独生子女的一代，已经无法体验大家庭兄弟姐妹众多的乐趣。

但当学校将大部分房间改建为二人间后，要求调迁的要求没有下降，反而室友争执的情况愈演愈烈。这可能是独生子女的一些行为模式，他们在一般社交接触下非常友好和善于交际，但一到个人生活起居习惯等方面却毫不妥协，不能包容、适应别人的行为。所以小部分（可能是极小部分）的同学可能很难与别人建立亲密关系。

三、富裕学生的抗逆力

在欧美等地越来越多的年轻人是由中产阶级父母供给他们升上大学的，这些大学生当中有很大部分有工作经验，他们个性相对独立，并不依赖大学对他们提供什么支援服务。由于改革开放后中国的经济突飞猛进，小部分城市的现代化超出了想象，可以说在北京、长三角、珠三角、代表各省的省会，都出现了富裕阶层，即富裕社会已小规模地出现，相应的我们的学生从来没有经历过贫困和逆境，都是一帆风顺的。因此他们更需要培养面对逆境的能力。在中国学生事务的内容中，拓宽学生视野和丰富他们的生活体验是非常重要的一环。

四、新生一代的社会心

大学生事务工作可以说也是受到中国社会转型期的社会思潮的影响。国际学生事务工作的基础多是个人发展，而其在本土化过程中，更强调人与社会的关系，强调学生的家国情怀。UIC 强调毕业生要服务社会，造福人民，而不是单纯以个人的物质享受为人生追求的最大目标，以个人的自由作为最大的幸福，而忘却社会责任。这也是学生事务本土化特点之一，即对中国君子文化的传承，例如，先天下之忧而忧，后天下之乐而乐；智者不忧，仁者不惧；知行合一，知耻近乎勇。价值观教育也是我们学生非正规教育的重中之重。

五、生活艺术的多元性

UIC 举办活动的形式可谓中西合璧，既有国际文化节也庆祝元宵节，一方面有非常多交响乐团的表演与欣赏，另一方面我们的龙狮队多次在全国比赛中获奖。活动是一种形式，而深层的文化价值更是我们所追求的。例如，我们设立了一个皮影艺术博物馆让学生学习表演皮影戏，这是一种文化的传承而不是看看就算；影视学的同学还将皮影制作技巧应用到现代动漫创作中去，只要有人喜爱，一切皆有可能。

第八节　现代学生事务的目标

一、学生工作本土化的内涵

总括而言，学生事务的本土化过程，要实现以下几个重点目标：

（1）着重培养学生的个性和自主性，协助学生寻找真我；培养学生的自控力和抗逆力，以面对社会的急速转型。

（2）培养学生的人文精神，社会责任感和家国情怀，以服务人群为己任。

（3）培养学生传承中国传统文化，追寻传统美德的意识。

（4）鼓励学生学习世界文化，包容不同生活习惯，建立和谐共融社会。

（5）引用中国传统文化的精髓，即天人合一，在运动和大自然中追求身心灵的平衡。

二、现代的使命与愿景

在联合国际学院的硬件大幅度完善之下，学生事务处的愿景也应追上硬件完善的步伐，探求未来的发展。

新的愿景以 2018—2019 学年为起点，为未来五至十年的学生事务工作做出规划。

在学生事务工作的成效方面，我们认为愿景可以修订如下：

（1）为贯彻联合国际学院博雅教育的理念，推动师生建设终生学习型社区。

（2）未来五至十年内，UIC 的师生在学生事务处的推动下，将积极推动珠海公益事业，主办及参加粤港澳台地区青年交流活动，并设计社会创新构思，以协助解决区域性的社会问题。在过程中也让同学们学习如何成为服务型领袖。

在学生事务的工作团队建设方面，UIC 制订副愿景如下：

UIC 将在未来五至十年内建立一支热诚、关爱同学、具有专业知识、有社会理想，愿意结合所学投入社会创新，为珠海粤港澳大湾区以及中国内地社会及社区出谋献策，改善人们生活而不懈努力的队伍。我们相信互动（Interaction），会带来创新（Innovation）和社会影响力（Impact-Action）。

三、现代高校学生工作者的胜任力

美国高校工作者协会（American College Personnel Association，ACPA）发表了《学习的再思》（Learning Reconsidered 1 & 2）的报告，提出了高校工作者的新的胜任力要求。

ACPA 提出了十个高校辅导员的能力范围：

（1）咨询与帮助（Advising and Helping）；

（2）评估与研究（Assessment，Evaluation and Research）；

（3）平等，多元与包容（Equity，Diversity and Inclusion）；

（4）专业道德操守（Ethical Professional Practice）；

（5）历史，哲学，价值（History，Philosophy and Values）；

（6）人力与组织资源（Human and Organizational Resources）；

（7）政府，政策与法律（Law，Policy and Government）；

（8）领导力（Leadership）；

（9）个人素质（Personal Foundations）；

（10）学生学习与成长（Student Learning and Development）。

学校为了提升学生事务工作人员的胜任力，每年都邀请境内外学者来校举行系统培训活动。下一个阶段学校会以"学生事务研究"为推动力，加快实施"实证为本"的高校学生工作。

第二章　大学之道教育

第一节　大学之道

　　UIC 学生事务处在新学年之始举办了"大学之道"课程项目，该项目旨在帮助新生尽快适应从高中过渡到大学的生活。我们重视学生的自我成长，期望助力学生在认识自我，压力管理，制定目标，跟他人相处等方面的发展。

　　"大学之道"课程项目的主要目的之一是通过大一新生入学课程，推广 UIC 的"全人教育"理念。课程内容选择了与学生成长息息相关的课题，鼓励学生在追求知识之外，更要培养及增强自主学习和自我发展的意识。课程设计配合我校推崇的"全人教育"的理念，培养和促进学生的个人成长，帮助新生快速适应 UIC 的特殊国际教育风格。课程的设置还帮助新生提高对大学环境的基本认识，促进其从中学到高等教育环境的平稳有效过渡；将重点放在对包括公民、知识、学习、技能、创造性、沟通和团队合作等大学毕业生属性的认识和培养上。我们希望学生对团队动态有一种尊重和欣赏的态度，并能够对大一新生基本功能角色有进一步的理解。

　　大学之道在于明明德，在于亲民，在于止于至善。朱熹在《四书章句集注》中解释道"大学者，大人之学也"。所谓"大人"，就是成年人的意思，成年人的第一课，先要认识生命心性的基本修养。近年来，一些大学成了高级职业培训机构，学生和家长均着眼于学业成绩而没有认真地去考虑如何"做人"，如何做一个对自己、对他人及社会负责的人。如果大学培养的人缺乏责任意识，乃至成为道德的漠视者，即使学生的专业知识和技能再好，其教育就本质而言也是失败的。

　　青少年是未来的接班人，他们的责任教育对祖国未来的发展有着重要的影响；从高中过渡至大学，正是一个养成良好习惯的黄金时期，学生正处在世界观、人生观、价值观形成的重要阶段；顾及此，我校的大学教育的第一课乃是"大学之道"，以促进大学生素质的优化及核心心理质量的发展。

学生从中学向大学完成身份的转换不是一个简单的过程，新生入学的第一年在这个过程中至关重要。特别是最初几个月，是学生对高等教育的价值观和适应性判断逐渐形成的关键时期（夏坤、沈鹏，2008）。而在这个阶段，如果转化与适应工作没有处理好，则会让学生面临许多问题。新生们可能会觉得大学和中学一样，只管读书做作业即可。然而由于大学生活与中学生活在组成结构、自由度、对个人的要求等因素上存在差异，学生会遇到更大的个人挑战。当考试的结果不如人意，付出而没有回报时，学生或会产生学业上的问题，而伴随出现的可能是人际关系、自我认识等方面的问题。倘若这些问题未得到妥善处理，可能会引发精神健康困扰。

在美国高校学生事务工作中，新生头年计划是为大一、大二学生制订的入学教育内容，以帮助他们实现这个转化（王鹏，2014）。大学之道教育的初衷亦如是，旨在带给学生一个对于即将面临的大学生活的初步认识，以做好心理准备迎接挑战和困难，确立目标并为其努力。

我们以一种系列课程的形式让初入大学的大一新生参与进来，同时设置了考核作业检验学生们的学习成果，也带给了他们一种大学学习模式的体验。大一新生们会按照他们所在的苑舍而不是院系来分班。

第二节　教授内容

课程单元及主要内容：

大学之道的课程主要有以下八个模块：

表 2-1　课程模块

课程单元	主要内容
第一课	认识自我（Know Yourself）
第二课	管理压力（Managing Stress）
第三课	订立目标（Setting Goals）
第四课	领导力培养（Becoming Leaders）
第五课	交友之道（Making Friends）
第六课	记录成长（Documenting Growth）
第七课	谱写人生（Authoring Life）
第八课	教与学（Teaching and Learning）

谱写人生及教与学：2018年由协理副校长负责主讲"教与学"，由各舍监负责谱写人生的主题，针对的都是大一新生。其余的主题由学生事务处的

各教职员担任班主任，以工作坊的形式与大一新生开展体验式学习。

我们希望通过整个大学之道的课程，大一新生们能够获取以下学习成果：

（1）对人格类型、多元智能、职业取向等自我的个性特征有较好的了解；

（2）对大学预科学习计划的结构和大学毕业生特质有较好的了解；

（3）掌握压力管理、决策、目标设定、自我理解、与他人沟通、在需要时寻求帮助的基本技能；

（4）能够将5Cs，即明确挑战（Define Challenges）、识别选择（Identify Choices）、预知后果（Predict Consequences）、做决定（Choose Options）和检查结果（Check Outcomes）的概念应用到大学和未来的职业规划中。

第一课认识自我：解释认识自我的重要性及影响自我发展的因素。

大学是一个人去重新探索自己、发展自己的重要时期。因此，认识自己，是每个大学生进入大学必修的第一课。

在这个工作坊里，我们利用乔哈里窗口（Johari Window）（图2-1）帮助学生了解认识自我的方式，并通过布置课堂作业，加深自我认识，了解特质。我们利用J.霍兰德（J.Holland）的霍兰德六种性格类型理论（Holland's Six Personality Types）引导学生树立职业观，从而选择合适自己的学科及未来的事业。

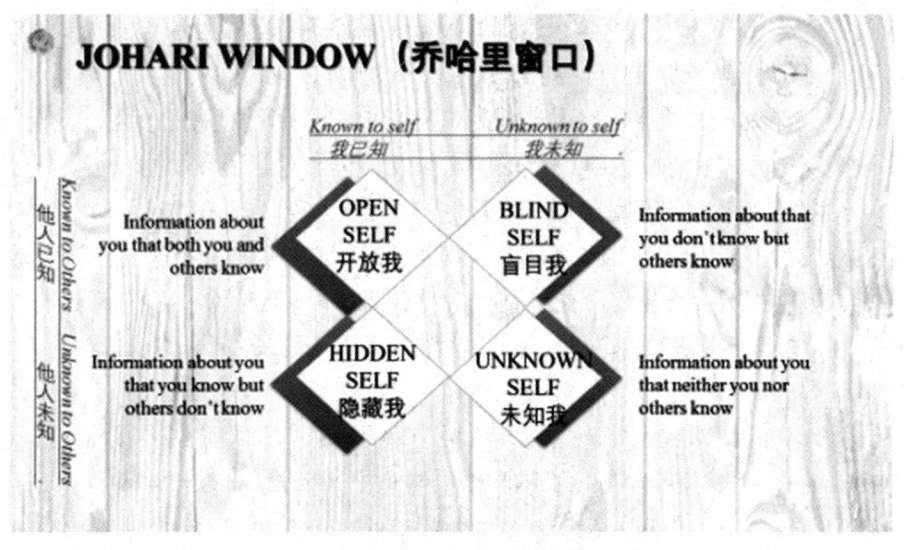

图 2-1 乔哈里窗口

第二课管理压力：在现代这个快节奏的社会，每个人都或多或少承受着一定的压力，大学生也不例外。在这一节工作坊里，我们利用互动游戏，为学生介绍什么是压力和压力源，面对压力时人们不同的反应及压力对我们的激励作用。另外，还会介绍一些缓解压力的方法。学生掌握管理压力的方法，

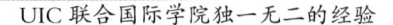

以健康的方式跟压力做朋友，才能化压力为动力，更好地应对生活中的挑战。

第三课订立目标：在这一节工作坊中，我们帮助学生认识不同类别的目标，了解订立目标的好处及如何达到目标。通过讲授 SMART 目标 [具体的（Specific）、可测量的（Measurable）、可达成的（Achievable）、相关的（Relevant）、时间观念（Time Sensitive）] 设定法和过程管理四步法，以及做一些启发性的练习，让学生们学会合理设定个人目标，并知道如何更好地去执行，且在课堂上学会运用及制订个人学习阶段的目标。

这也是大学生们由他律转向自律、由被动接受安排转向主动规划人生的开始。

第四课领导力培养：侧重介绍学习服务型领袖，认识潜能及如何跟队友相处。服务型领袖是一个服务者，一个为他人服务的人。应配合 UIC 的特色，鼓励学生参与培训，通过体验式学习去体验和学习领导理论，从而提升领导能力。

在这一节工作坊中，我们会通过一些讨论和分享启发学生们去思考优秀的领导者有哪些特质，了解服务型领袖的概念；通过一些小组活动和角色扮演，让学生们体验领导的角色、职责和责任。此外，我们还会通过介绍 SWOT 分析法 [优势（Strengths）、劣势（Weaknesses）、机遇（Opportunities）、危险（Threats）]，让学生学会运用这种方法来评价自己作为领导的 "S/W/O/T"，并以此为根据，制订计划来改善自己的弱势，或抓住机遇。

第五课交友之道：指出大学跟高中交友方式的异同，认识彼此，不轻易掉进交友误区，并订立大学四年的理想交友目标。对于很多学生而言，进入大学是其第一次离开家庭，在一个陌生的环境独立生活。在这个阶段，同伴的支持尤为重要。但大学阶段与中学时期的人际交往有很多的不同，学生若不能适应则可能会产生孤独感，甚至会感到难以融入校园。因此这节工作坊首先会启发学生们思考和分享：进入大学以后，人际交往与以往有何异同？如何应对这种不一样？

同时，这门课程也希望通过介绍两个常见的认知思维陷阱：读心术（妄自揣测他人想法）和非黑即白（把想法推向两个极端），让学生们意识到自己在交友过程中容易犯的错误，从而予以改正。另外再通过特定情境中角色扮演的活动，让学生们体验并加强对游说者的认识，学习沟通与说服的技巧，同时也能够在被游说参与不适当活动时，有一定的识别和应对能力。

第六课记录成长：UIC 一直奉行的是全人教育理念，采用博雅教育的模式，通过提供体验式学习课程、项目和活动来培养学生的团队合作能力、毅力、人际交往能力、自我意识、忍耐力、创造力、责任感和文化意识，从而在智力、道德、体能、社交、情感、审美和精神潜质等多个层面对学生素养进行培养与提升。

因此，记录成长工作坊的主要目的是激发同学们思考：自己希望在大学里获得什么样的素质或能力？如何在未来四年培养这些素质？同时，也希望学生通过建立成长档案，指引自己在大学进行各种技能的学习。在成长档案中，学生可以记录大学生涯的各项活动，以备日后升学、工作面试时使用。

表 2-2　UIC 毕业生特质

大学毕业生特质（College Graduate Attributes）	
公民	成为具国际视野、品行高尚、有责任感的社会公民
知识	掌握所学专业的最新研究动向，并有深厚认识，亦有广阔的文化知识和通识基础
学问	有开放接纳、独立探求知识的精神，贯彻终生学习的理念
技能	拥有数字处理和解难能力，在生活及工作中发展所长
创意	具备批判思考精神和创意思维
沟通	精通中英文，能清晰表达自己的想法
群体	具备领导和服务团队的精神，追求健康的生活模式

大学之道课程没有学分，但要求学生全勤出席，严谨对待。八个课题布置在学期初，作业在第一学期底交班主任审核。本课程以教育为本，期盼学生在接受专业学识之余，不忘学习道德伦理，推崇真正的大学之道。多年来，在针对这一课程的问卷调查中，学生们对课堂活动和作业布置均反应良好，并对主题内容及授课老师的准备给予了高度的好评。

第三节　推行方式

一、以苑舍为单位分班

学生以苑舍为单位进行分班，除了邀请所属苑舍的舍监主讲课题，让学生建立正确的人生观、价值观，拉近师生、舍友间的关系外，每一个小班教育课都有学生事务处的员工担当班主任，以生动活泼的课堂互动的形式，辅以课堂作业、视频介绍相关主题，务求引发学生思考大学生涯所面临的问题。这些课题关乎每个学生的成长及自我发展，跟专业学习不尽相同。班主任及苑舍分班的安排，拉近了苑舍室友以及师生间的情谊，学生遇到困难时，大可找到适宜的、可帮忙的对象。

大学生在大一至大四不同的成长阶段里，都可能出现学习、人际关系、爱情、宿舍关系、毕业、就业、出国留学等方面的种种问题，学生辅导员通过教学活动，功课指导跟学生建立关系后，可以尽早发现问题的征兆，及时掌握问题，积极沟通，给予支持帮助，并妥善处理，方可预防日后问题严重化。

二、体验式学习

除了课堂指导外，还有课后作业，个人及小组作业于学期末呈交。个人作业着重于加深学生对课题的认识和反思，并可以总结自己感兴趣的课题。小组作业则给予学生体验群体合作的精神的机会，以问卷调查或采访形式，更深入地了解自选课题的不同方面。学生分工，主动制作问卷，发布调查，回收，分析，讨论，提供意见，反思；约见专家人士，寻求与题目相关的资料，加以分析，小组讨论后写成文章。有些小组作业格式与要求不符，在作业任务简介中可能有一些指示不清楚，从而需要重新修正。

大多数学生在第一次反思和调查的过程中付出了很大的努力，并在经验学习的过程中深入拓展知识以及融合了群体的力量，做出了大学生涯的第一份功课。

大学之道课程不计算学分，只对作业表现给予点评。开学之始，学生参与课堂的积极性较高，外加要求严谨，学生若不参与课程，则需要第二年重修，故学生的出课率及参与度可有所保证。

第四节　UIC学生事务导师的角色

UIC学生事务导师（即高校辅导员）的任务之一是从事具体的课堂教学活动，对大学生的世界观、人生观、价值观加以引导，开展集体思想教育本职工作。在大学之道课程中学生事务导师虽然不是正规专业的授课老师，但凭个人的工作能力、人生经验和理念，加之课前由专业老师对其给予了专业的辅导，并进行了理论和操作的培训，统一了课程内容、教材，外加各导师在开课前做了充分的准备，可以让团队素质达至高水平。导师在给学生授课时，逐渐从不习惯而变得自信。学生事务处的员工在担当自己的原本职务之外，导师这个角色也让他们大大提升了个人能力。

在参与五十人班别的课程教学过程中，我们可更直接了解大一新生的成长需求。在跟学生建立了师生情谊后，若发现学生在大学生活中有需要时，我们可给予帮助，积极发挥预防及服务的功用。同时大学之道更是一个学生事务工作者与大一新生建立良好关系的契机，在关于课程、主题、作业的讨论中拉近了各班主任与学生们之间的距离，为学生事务工作的顺利进行打下了良好的基础。班主任中很大一部分是来自学习型社区发展组和个人成长及辅导中心的教职员、辅导员，建立这样的关系更有利于他们将来的工作。

第五节　教学评估

问卷的目的是评估学生是否达到预期的学习目标，以及是否满意教师的表现。从 2016—2017 年的 1182 份问卷调查中看出，共有 94.75%（67.01% 非常同意，27.74% 同意）的学生表示讲座达到了预期的学习目标成果和教学满意度。调查问卷有两个目标，一是为教师提供学生对其主题的反馈，二是评估学生是否达到预期的学习目标。总体而言，共 0.37% 的学生对预期的结果和教学表现出不同意见或强烈的不同意见。

表 2-3　大学之道课程学生学习评估调查结果

你是否认为大学之道课程达到了预期的学习目标？	
非常同意	67.01%
同意	27.74%
不同意	0.37%

大学之道课程是为了让学生更容易从高中生活学习模式转换至对大学的认识规划，并将其应用到大学四年的生涯中。大学之道的课程主题、时间、作业的编排一丝不苟。但因该课程不算入修读学分，有学生提出疑问，为何学校安排这类跟学业不相干的课程。我们认为，该课程实践了 UIC 全人教育的理念，其用意不只是让学生更快适应校园生活，更是为未来人生提供实用性的指导，为建立良好的道德价值观打基础。该课程虽不教授专业的知识，但可一生受益。

大部分学生完成了个人及小组的作业，这两份作业设计的目的是让学生从体验中学习。如学生可选择一个主题进行深入学习，阅读相关课本或观看一部电影，写出个人反思及感受。小组作业则要求学生学习组织能力、沟通能力、领导能力、分工与合作等，这些能力在小组工作内可一一展现出来。学生可以通过问卷调查或访谈形式，对相关题目进一步透彻地理解和分析。在阅览大学之道的作业时，我们亦发现，很多同学从中获得了观点和思路的启发，进行了比较深入的讨论。

学生在课堂中学到的：

认识自我：我们和别人相处，如果了解对方，那么更容易信任和理解对方，更愿意合作与互相支持。我和自己的关系，其实也是一个人际关系。

管理压力：当身负压力时，我们应当面对现实，并进行适当的情感宣泄，转移注意力，最后还应有良好的睡眠。

订立目标：没有目标的人生，像断了线的风筝，找不到归宿；而有了志向，有了目标，便有了方向和动力。

领导力培养：作为领导该有坦荡的胸怀，敢于担当，公平公正对待下属，广泛地听取意见。

交友之道：朋友会让我们的生活变得没么空白，让亲情以外的情感有一种寄托，让我们拥有精神上的安慰。

记录成长：成长是自身不断成熟的一个过程，我们在生活中不断学习，从而不断成长。

谱写人生：幸福的人生不是盲目地过活，而应是有目的有计划地进行。我们应该学会规划人生，找准追求的目标，立下适合且喜欢的志向，并为之奋斗。

教与学：学习作为一种获取知识、交流情感的方式，已经成为人们日常生活中不可缺少的一部分。学习是人们不断满足自身需要，充实原有知识结构，获取有价值的营养，并最终取得成功的法宝。

大学之道课程虽围绕固定的主题，但每年都在调整以求更加贴合新生们的需求。根据大学之道学生反馈问卷的结果，我们发现大部分的大一新生对大学之道是持肯定态度的，他们普遍认同大学之道课程的必要性，也认为大学之道确实能够帮助他们做好开始大学生活的准备。各教职员、班主任对大学之道的反馈问卷结果显示，认识自我、管理压力、订立目标是最有必要继续保留的主题。同时也可以看到，这些正是新生们迫切想解决的问题。

鉴于 UIC 的教学模式与校园生活与国内大多数高等院校有很大的不同，全英教学等的学习压力，快节奏的学习生活使得这个转化和适应的过程虽充满挑战却十分必要。因此，大学之道课程的开展理应尽早进行。

第六节　家长应知——学业与人发展之并重

某些学生的学习态度欠佳，虽参与课程，但参与态度却每况愈下，甚至表现出对此课程的不重视，只对专业课的学科有较大的兴趣。这种学习态度表明，在高度重视学分的文化环境的要求下，学生产生了认知的偏差。这种情况应当引起教育者反思，教育者如何才能改变学生的认知偏差。同时我们也希望与家长共同鼓励学生，除注重成绩之余，也不应忘记追求身心的健康、良好的品格，以及培养正确的价值观。

家长除督促学生努力学习以外，健全的身心发展（如压力管理、时间管理、自我认识、人生指引、交友恋爱的课程）也契合了年轻人发展的需要。若家长能重视在这方面培养子女，而不是只重视学业的成功，子女会认识到这方面的重要性而改变心态。

父母可培养孩子健康积极的人生观、价值观，开朗乐观的性格，鼓励孩子建立健康的体魄，主动关怀别人，互助，有团队合作的意识。父母应时常留意自己的表达方式及响应态度，做到鼓励、肯定、接纳、关心等，可促进孩子的"身心我"全面发展。孩子状态好，学习自然就好。

从出现学业或情绪问题的学生中，我们了解到不少学生抗拒在读的专业，却因苦恼于父母的要求与期望，以及父母盼望子女未来的生活有保障等因素，所以从大一开始便在不情不愿之下学习，不得不奋力去实现家人和社会的期望。渐渐地，学生容易放任自我，逃避课堂及作业，导致成绩不达标。更甚者，因一方面达不到父母的期望，另一方面又找不到自己的目标，从而陷入抑郁情绪。当无力感增强时，更容易出现各种精神疾病。每当碰上这种类型的个案，辅导员总是会心疼学生，面对这些可避免的个人价值观差异问题，愿父母交还自决权，让子女自己做出选择。

父母爱护子女之心是无可置疑的，但倘若只是一心看重未来出路和学业成绩便有失偏颇。当子女出现身心疾病时，我们从焦虑的父母身上可以看到，他们还是认为子女拥有健康的身心才是最重要的。家长要明白，青少年需要较多的自我发展空间，可赋予其选择权，在设定的范围许可的情况下，让他们自行做决定，学会承担责任，从所做决定的后果中汲取经验。家长应关注孩子的心灵，彼此持开放的态度共同协调差异，情理兼备，让子女学习成为才德兼备，品质高尚的全人。

大学之道教育不单旨在让新生尽快适应，顺利从高中生活过渡到大学生活，而且希望家庭、学校、社会和学生自身联合起来加强对大学生的责任教育，以确立新的教育责任观和教育民主观，根据学生的心理特点，培养健全独立的人格，使其身心全面和谐地发展。

第三章 自控力与自我效能的培养

第一节 大学生自控力的培养

一、培养学生的健康行为

在青少年的成长过程中,冲动行为较为显著,因此有必要让青少年认识其特性及带来的后果。从大多数独生子女的特质中,可看到他/她们童年时代最好的朋友只有父母,没有兄弟姐妹的分享及支持,且父母把所有的期望都集中在他/她们身上,学生的成功/失败决定了他们在生活中的成败。学生的人际关系、情绪、压力管理在大学步入个人独立阶段,有必要学习自我调控,提高自控力,培养好习惯,以在日常生活中运用。我校于每年军训期间,要求每一名大一学生除进行身体锻炼外,还要参加自控力课程及工作坊,进行理论学习并辅以案例说明。通过课堂互动练习,让学生更好地掌握如何在日常生活及学习中运用自我调节,以便能更好地控制个人的注意力及情绪问题。大一学生须参与理论课程,从而了解若要实现长远的兴趣目标,必须通过努力去改变思想、行为及感受,方可实现自己的追求。

UIC除了培养学生自我控制,自我调节的能力以外,更积极提升学生学习的自我效能。自我效能感指的是人们对自己行动的控制或主导。相信自己能处理好各种事情的人,在生活中会更积极、更主动,能采取适当的行动面对环境挑战。自我效能感以自信的观点看待个体处理生活中各种压力的能力。学业自我效能感是自我效能感在学习领域内的表现,提升自我效能感能够促进学业成绩的提高。我们尝试把辅导及理论结合,积极提升学生的学习动机,促进学业成绩的提高。以单对单辅导的形式,让个人的自我效能感得到提升,面对学习的挑战,相应地提升表现。

二、自控力的重要性

　　学者克劳迪娅·库哈奈尔（Claudia Kuhnle）和曼弗雷德·霍费尔（Manfred Hofer）在2012年的研究中，发现自控力跟学习有着很强的相关性，还可预测年轻人的学业成绩。低自控力则容易影响个人决定，自控力低的人不懂跟人沟通及会做出犯罪行为。沃尔特·米舍尔（Walter Mischel）1976年做的"棉花糖实验"，是针对学龄前5岁幼童进行的，通过棉花糖测试孩子的自制力。若他们能够忍耐20分钟不吃掉面前的棉花糖，便可以多得一颗糖作奖赏。后续的追踪研究发现：那些能够抗拒马上吃糖的冲动，忍受煎熬的实验者，即获得第二颗糖的孩子，在青春期阶段不论学业或是社会能力皆较同辈为佳。自我控制可以被定义为人为了达到长期利益或目标而改变想法、感受和行为的努力尝试。自我控制是压倒性的或抑制自动的、习惯性的或先天的行为、冲动、情绪或欲望，克服习惯性或本能按照定义行事的模式、需要自我控制否则会干扰目标导向的行为。这是一种重要的工具，一种朝向直接目标的行为，能克制冲动。实验中的孩子懂得使用自我调节策略来减轻不能立刻得到想要东西的煎熬；如以双手遮眼或刻意转身不看棉花糖，或利用哼歌来分散对糖的注意力；由于这些能够延宕满足的孩子，会使用策略提升自制力，这群孩子比别人更容易努力不辍，各方面的能力因而得以持续增长。人若习惯立即满足欲望，可能会在追求一个长期的目标时分心。

　　认知神经科学界解释自控力：认知控制使我们能够协调或指导低层次或更多的自动过程，并确保我们的行动符合我们的目标。大脑根据外部因素和内部信息的主体价值进行评估，除非前额叶损伤以致影响自我控制方面。

　　赫西（Hirschi）和戈特弗里德森（Gottfredson）（2000）将自我控制的发展主要归因于幼儿期——大约在八岁到十岁之前的学习，一旦学会了自我控制，理论上在整个生命周期中会保持相对稳定。童年的经验会影响日后的自我控制；一个人的亲社会或反社会行为倾向是由他所经历的胁迫或社会支持的一致性所决定的，一致的社会支持可产生高度的"内化的自我控制感"。

　　多巴胺刺激我们的欲望，多巴胺的分泌，让我们寻求快乐，在追求心理奖励的前提下，忽略了长期的后果，所以控制不了冲动的自我。毕竟自我控制有限，人们在自我控制方面有所不同，有些人会比另外一些人更难打破习惯。每个人的自我控制的资源是有限的，这就像肌肉力量，需要休息及时补充。幸好，我们均有自我调节的机制，自我调节是指自我产生的思想、感受和行动，是有计划的，以适应个人目标的实现。

第二节　意志力团队训练知识课程

一、新生军训聚焦意志力

UIC 利用新生军训，每年都推行为期五天的军训和一天的自控力工作坊培训，我们称之为意志力团队训练的制度。

全体新生会分为大概 50 人一排，由专业的教官对其进行训练。人类因习惯、心理差异，而造成强度不一的意志力。在一定的时期或在某种情况下以理性行事而不以情绪行事，才可达成最终目标，正如运动可以使肌肉变得更强壮一样，经常运用自我控制可以提高意志力。有趣的是自我控制行为也会降低血糖水平，消耗能量。补充葡萄糖即使只是喝一杯柠檬水，也能提高日常的自我控制能力锻炼。此外，改善姿势，改变言语行为，练习执行一个简单的任务，都可作为改善自我控制的第一步。所以多天的军训体验，也可以培养、锻炼学生的意志力。

二、自控力理论课

所有大一学生分成两大班进行三小时的理论学习课。课程内容着重介绍自控力对个人的重要性。学习研究指出，自我控制是学习成绩、生活平衡和青少年流动的预测指标。要选择合适的目标，适当地预算时间和精力，在决策阶段和行动阶段中，自我控制能力有助于选择和追求一个既定的行动计划，以便成功达成一个目标。在开展所选择的活动（行动阶段）期间，对结果的渴望有助于控制冲动，避免影响心理过程，能有效地将注意力集中在手头的任务上。因此在学业与休闲需求产生冲突时，时间管理便成为一种自我控制能力的具体表现。

自我控制理论的主要假设是一个人自我控制能力较低，会容易做犯罪行为，人际关系的建立似乎也取决于自律行为，需要自我控制，例如在讨论微妙而敏感的问题时也需要避免被曲解或导致相互间的冲突。除了外部控制行为外，内部也需要接受自我。

三、自控力工作坊

除了学习理论知识以外，如何通过自我调节，养成良好的行为习惯，也是新生自控力培训总体设计目标之一。自控力工作坊援用军训的分队，50 人一班，由一位老师带领，在课堂互动工作坊中，让学生更清晰明了自控力的重要性，学会如何自我控制抑郁的情绪，最终的目标是希望培养出个人的坚毅意志力，锻炼心智，形成良好习惯。详情如下：

（1）目的：让大一学生认识及增强对自控力的理解，学习如何自我调节情绪，养成良好习惯。

（2）形式：学生在课堂理解自控力理论后，分成小班学习，辅以案例学习，讨论自我调节的方式，让学生通过互动、体验，深化对题目的认识。

（3）内容：主要是增强学生对自控力的理解；视频介绍"延迟满足"实验。该实验讲解了为什么有人可以"延迟满足"，而有人却只能投降的心理过程。实验结果对参加者的未来有很强预测性。实验的结论是：那些能够延迟满足的孩子的自我控制能力更强，他们能够在没有外界监督的情况下适当地控制、调节自己的行为，抑制冲动，抵制诱惑，坚持不懈地迈向目标。

自控力与生活密切相关，常见的有以下几类。

①拖延行为：如快到截止日期时才准备作业。

②控制行为：如室友矛盾，忍不住跟室友打骂。

③抑制冲动：如减肥时，看到好吃的忍不住。

④抵制诱惑：如买衣服。

⑤控制情绪：如不能自控地大哭。

⑥控制注意力：如难以集中精神。

（4）评估自我调节的能力：课堂体验将手机调成静音放入书包中。工作人员会随机抽取几位在场同学的电话，给同学发一条信息，时间不定。规定同学们在10分钟内，控制自己不去查阅手机。10分钟内，每次意识到自己想要拿出手机的时候就在纸上画正字，看看自己想要拿手机的次数。通过预先承诺，消除会引发自己坏习惯的已知刺激，故抵制住诱惑，限制未来自我的选择。要求学生各自评估自我调节的能力并加以讨论，附有工作纸，分小组讨论，案例重点对应日常生活情景，得出自控力既是意志的表现，也是情绪自控的表现。

（5）学习自我调节自控力：自我调节包括专注力及情绪方面。引导学生学习自我调节自控力；如何增加情绪的控制力，留意观察自我情绪的变化。例如问问自己：我现在有什么情绪？我为什么会有这种感觉？学习如何有效地处理情绪。学会在合适的时间和地点用适当方式表达，学会合理释放和排解情绪。遇上压力、失败、悲观时，提议先行等待10分钟，记录和审查是什么阻碍自己成功的目标。或做出预先承诺——消除已知道的会引发自己坏习惯的刺激，并限制未来自我的选择。这样做的同时，自我控制力得以提高，意志力充沛，避免自己屈服于诱惑。

自控力贯穿于生活的各方面，每个人每天都在自我控制。所以，自控力既是意志的表现，也是情绪智力的表现。在此课题中对案例进行说明，突出不自我控制的严重后果，对应学生在学习及生活方面容易出现的问题。学生在大学一年级认识自我，学习调节自控能力，培养意志力，以运用于四年的学习生涯及未来的人生。

第三节　自我效能的培养

一、自我效能感的概念

自我效能感是美国心理学家阿尔伯特·班杜拉（Albert Bandura）社会认知理论和社会学习理论中的核心概念，它直接影响人们的思维、动机与行为。自我效能感是指人们对自己实现特定领域行为目标所需能力的信心或信念。自我效能感是个人对自己在特定情景中是否有能力去实现行为的期望，是个人对自己行为能力的一种主观推测、对自己的一种主观评价与认识。它包括了对自己的行为所产生的结果进行推测，并对自己是否有能力进行这一行为做出推测、判断，或者说是对主体的自我把握与感受。自我效能感是主体的动因机制，人类通过选择过程、思维过程、动机过程、情感反应过程等中介过程特征对个体的行为起作用。个体的自我效能感反映出其行为的性质和范围，反映了个体面对困难时所付出的努力程度和坚持性，更是反映了其认识事物与评价事物时所特有的方法。

二、自我效能感与学业成绩

在学习方面，自我效能感水平高者倾向于选择适合自己能力水平的学习目标，能有效控制自己的学习行为。因此，我校提倡培养学生的自我效能感，尤其在学习动机较低的学生身上，以辅导的形式提升学生的学习效能感，并改变学习方式。提高学生的自我效能感能够对学业成绩有促进作用。大学生的学业自我效能感与学习倦怠存在着显著负相关，即大学生的学业自我效能感越高，学习倦怠程度越低。自我效能感的提高，有可能伴随着学习倦怠降低，学习积极性提高，从而使学习成绩得到提高。该研究结果有很重要的实际意义，对于学习成绩差的学生，加强专业课程的指导很重要，但更重要的是让他们自己有信心、有能力去学习。正如前文所述，学业自我效能感会影响个体的学习努力程度、面对挑战性任务的态度、学习的坚持性、学习策略和元认知策略的运用等。通过提升自我效能感，学生自行做出选择和行动，找到适合自己的有效的学习方法，从而提高学习成绩。

自我效能感是个体对自己在一定情境和任务中的行为及行为能力的主观推测。学业自我效能感是自我效能感在学习领域内的表现，指个体的学业能力信念，是个体对控制自己学习行为、学习效果和学习成绩能力的一种主观判断与评价。学业自我效能感影响个体的学习努力程度、面对挑战性任务的态度、学习的坚持性、学习策略和元认知策略的运用等，适用于对学习成就的预测。其学习观与其内生动机、一般自我效能感、学习自我效能感存在显著的正相关（王学臣、周琰，2008）。自我效能感影响人们的思维模式和情感反应模式。学业自我效能感水平较低者对学习不感兴趣，对自己的学习成绩没有太高的期望，他们往往把自己的主要精力投向学业以外的其他方面。他们容易夸大任务的艰巨性，把注意力集中于自身的不足和过去的失败，而不是如何有效地运用其能力实现目标，他们担心失败，焦虑，消极地对待自己的学业，甚至最终放弃学业。学业自我效能感水平高者倾向于选择适合自己能力水平的学习目标，能有效控制自己的学习行为，把注意力集中在该给予注意的地方，努力避免不适当的行为，保持学习热情，由于期望水平较高，内部动机较强，付出的努力也多，因而取得的成绩较好。

三、通过学业辅导以提高学生自我效能感

个人成长辅导中心曾尝试通过辅导提升学生的自我效能感，帮助其提高学业成绩，并采用单因素前后测的实验设计，比较实验组和对照组实验前后的自我效能感分数和学习成绩是否有差异。结果发现辅导能够有效地帮助学生提升自我效能感，同时发现，学业成绩也有显著的提高。

上述实验在学业成绩低于 2.0 的学生群体中进行，共有 30 人作为实验组被试，测试时间设定在新学年 2 月份至 5 月份，共历时 14 个星期，有四次面谈。对于对照组的学生，不采取任何辅导干预。前测与后测的时间跟实验组保持一致，对照组学生学期前后的成绩没有明显变化，实验组学生的成绩则显著提高了。

第四节　辅导干预提升学生学习效能感

辅导员推动学习者增强学习情境和任务中的自我觉知和自我信念，让个体对自身学习能力有正确的认识，完成有关学习行为过程，实现学习行为目标继而影响学业成绩。班杜拉认为，自我效能感随情景因素的变化而变化，是可以改变和重塑的。因而，提升学生的学业自我效能感有助于其对学习行为的控制和调节学业成绩。成功的经验能够提高个人的自我效能感，多次的

失败会使自我效能感降低。影响自我效能感形成和改变的因素有四种信息源：行为操作的完成、替代经验、言语劝说、生理状况或情绪唤起。这四种信息源常常综合作用，其中行为操作完成的成与败对自我效能感影响最大。

学业辅导的要义在于指导学生合理规划学业、掌握学习技能、激发学习动力、顺利完成学业。从学生学业发展的整个过程来看，学生学业发展欠佳的主要因素为学习热情不高、学习方法不佳、学习效率不高、学习目标不明。有些学生更存在多个导致学业困难的问题，如沉溺网络、人际交往困难、生活习惯不良、逃避学习等问题。研究发现，对学习及考试的不良认知产生压力、引致情绪出现问题的学生更需要通过心理辅导的干预，以重新应对学业的要求。之所以把学业自我效能感作为学业辅导干预，是因为学业自我效能感可以通过控制非智力因素作为一种学习情境中的自我觉知和自我信念，它可以通过心理效能辅导训练得到加强。

我校对成绩在合格线之下的学生非常关注，因而利用学校的资源，通过个体辅导，帮助学生自觉及自信地面对学习问题。因此，从自我管理模型理论以及个体自我效能感四大决定因素出发，笔者设定应用各个因素的辅导技巧于被干预的学生，从而找出直接有效的辅导方式，并以班杜拉提出的促进个人的自我效能感改变的四大影响因素作为干预的四个方向。

（1）掌握成功的经验：遭遇失败的挫折，若想提升振作，坚持面对逆境会变得更有信心。在学习动机不强学生的教育过程中，不仅要培养他们形成坚韧的人格，也需要对归因方式进行一些指导和调整。这个过程，不单单涉及成功经验的归因，也会涉及失败教训的归因，以帮助学生增强自我效能感。

（2）观察别人所得到的替代性经验：通过模范，观察别人类似的成功经验，提升自己对自我效能感的看法，让其相信也拥有同样的能力。学者魏源很早的研究就得出"对学习目标的有效调控、学习情境的营造与选择、学习策略与学习方式的善用对学习效能感的提升具有关键性作用"。

（3）源自他人的评价、劝说及自我规劝：语言的规劝，能降低对自我的怀疑。如探讨与父母的关系，侯日霞等研究者曾指出父母的情感温暖与大学生的内生动机和学习动机呈显著正相关。通过这个方面的探索，挖掘学生与父母之间的正向温暖情感，帮助其唤起学习动机，增强学习效能感。

（4）源自情绪和生理状态的信息：减少压力及负面情绪、身心的无力感。

辅导员跟学生初次见面，利用大学生学习习惯和技巧自评问卷，了解他们的学习习惯及技巧，从中总结出导致失败的因素。第一节的面谈多询问学生在学业上的表现，找出失败的教训，同时找出过往成功的经验，加强及放

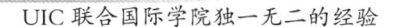

大这些成功经验，这有助于提高自我效能感，随后设定目标，让学生管理学习态度及时间。回访时，若见学生执行力不强，除直接将其转介至专业学部进行课后指导或加入朋辈辅导班外，辅导员还可以指导学生的学习技巧、学习策略，讨论每一学科面对的困难，进一步探索学生的自我评价、自我期盼，探索其与父母的关系，以正向提升自我效能感，唤起其学习动机。或推荐学生参加朋辈学业辅导，发现别人的学习态度及方式，碰上身心无力感较强的学生，转向从饮食睡眠等基本生理的调息入手，推动其运动或休息，待重拾动力后再投入学习。

处理学业辅导，我们不单提升学生的学习自我效能感，学业辅导的核心是提升学习成绩，所以个人成长及辅导中心还根据学生的需要开设了学习辅导班，旨在帮助在某些科目学习上有困难的同学。

学习辅导班主要有两种形式：大班授课和一对一辅导。值得提到的一点是，学习辅导班中的所有"导师"均为高年级同学。大班的"导师"由该科目成绩优秀的同学担任，以授课的形式帮助某些科目学习上存在困难的同学；辅导课程内容主要是介绍课文整体框架，概括重难点，分享学习经验、考试技巧、学习方法，交流大学的学习生活方式等。参加大班辅导是免费的，所有科目的上课时间都会持续到学期末，与同学所学的课程进度同步，一般一周至少一个小时的课程。在大班的学习环境下，同学们不仅可以获得知识、学习经验，还可以交到互相鼓励的朋友。大班的学习辅导课程结束后，参与授课的导师会经历学校的考核，如果考核通过，导师将会收到学生事务处个人成长及辅导中心颁发的证书一份。

除了大班授课这个形式，个人成长及辅导中心还组织了一对一的学习辅导活动，该一对一的学习辅导活动也是提供给UIC在校生的一项学业辅导服务，其内容是同辈导师为学习困难的同学提供一对一的学习辅导。我们要求同辈导师除了热爱学习、有着优秀的成绩，还要乐意与他人分享学习经验以及学习方法。例如，分享阅读技巧、高效记笔记的方法，传授如何集中注意力或者是具体科目的学习技巧等，这些都是在某些科目的学习中有困难并希望寻求他人帮助的同学所需要的。

第五节　专业辅导在提升自我效能感中的作用

自我效能感指的是人们对自己行动的控制或主导。相信自己能处理好各种事情的人，在生活中会更积极、更主动，个体能采取适当的行动面对环境挑战。自我效能感以自信的观点看待个体处理生活中各种压力的能力。成功的经验能够提高个人的自我效能感，多次的失败会降低自我效能感，尤其是在活动的初期，因其不能反映努力不足的因素，易使人归因于能力不足。单对单辅导的形式，让个人在自我效能感上得到提升，面对学习的挑战，相应地提升表现。

从研究结果可以看出，专业辅导能够帮助学生提高自我效能感。成功的辅导不能缺少同理心及鼓励，辅导员在四次面谈中多次运用这些技巧建立关系。在掌握成功经验方面，理解未能达到理想成绩的原因，谈论、了解学习技巧；讨论时间管理和指定学习时间表这种最常用的学业辅导方式。谈论自我及他人对学业的期望、朋友对自己学习的影响，可在认知上改变对自己努力不足或能力不足的看法。源自情绪和生理状态的信息较少在辅导学习过程中涉及，多视学生情绪表现而运用相关技巧。实验组学生出现的焦虑、低落情绪并不强烈。部分学生在参加四次面谈辅导过程中，主动提出希望被关注、督导以提高学习成绩。当中有学生因长期打游戏而影响学业，后主动在宿舍内把网线拔除，好让自己专心学习。结果显示专业辅导有助于自我效能感不足的学生提升学习效能。

学生普遍反馈通过辅导提升了自我效能感和学习上的自我效能感。有的学生表示因为自控力不足而获得督促，觉得学习压力及担忧情绪得以舒缓，有机会咨询老师的意见，感到备受关怀，消除了对自我的一些怀疑，可以在完成小组作业过程中发挥自我；有的学生表示刚开始会对被要求接受学业辅导的行为存疑，感觉要被责备，结果发现过程中备受关怀，便自发地改变了行为。

UIC对学生的自控力的培养始于大一新生，希望学生认识及控制情绪，加强心智锻炼，形成良好习惯，培养个人的良好品格。配合大学之道的情绪管理课程，学生应当对自我情绪控制能力有所理解。年轻人的成长变化较大，在不同年级面对着不同的成长需求或压力，情绪的掌控不一定完善，故更多的情绪认知培训可加插在不同年级或群组中，好让学生在专注学习之余，也照顾到不良情绪以减少冲突或陷入负面情绪的深渊。自我效能感的培养依赖于单对单辅导的形式，辅导过程中需要注意平衡推动学生的学习动力及能力，否则只单纯关注学习技巧或进度，更易引起学生归因于能力不足而产生无力感。

第四章 身心灵的成长及辅导

第一节 大学生成长

　　按照人生的发展阶段来说，大学生正渐渐脱离青少年期，即将步入成人期。在这个时期，他们仍在不断地成长。世界卫生组织给"健康"的定义为："健康不仅为疾病或羸弱的消除，还是体格、精神与社会的完全健康状态"。因此，大学生的健康成长不仅仅是在生理上的健康成长，还包括在心理和社会方面的健康成长。除了追求学问以外，大学生在日常生活中一方面应注意身体锻炼，另一方面应保持健康、积极的心态，避免长时间处在过于紧张的情绪状态中，以确保生理和心理的全面健康。由于生理成熟程度与心理成熟程度不相适应，部分年轻人只会埋头苦读；有的则对异性产生好奇，只沉溺于爱情；还有的只醉心于各种社团活动等——因此忽略了身心平衡发展，更鲜有涉及追求崇高理想和对生命意义和价值的思考。

　　正因为这些现象的存在，高校学生教育工作不仅仅是灌输学问，同时更应该着重学生德、智、体、群、美全人的发展。而 UIC 学生事务处的个人成长及辅导中心在开展关于学生个人成长的工作时，也不仅仅是简单地提供服务，更大的理念是培养学生身心灵三方面的成长。

第二节 身心灵理念及活动

一、身心灵理念简介

　　促进人类的全面发展和实现个人潜力的身心灵理念早在国外植根。1990年身心灵健康全人模式（Integrated Body-Mind-Spirit）提出了对一个人的生理、心理和精神状态做出整体评估，可以揭示他的身体、社交和精神健康的概念。传统中医认为健康是身体内部的阴阳平衡、人际关系和环境之间的相互作用，与身心灵健康全人模型息息相关。陈丽云教授整合了中医概念和治疗技术，开发了身心灵全人模式,以促进大众健康及复康治疗。"身心灵"三个字的字面意义分别是:身指躯体;心即心理,主要指情绪;灵主要指精神和灵性状态,精神涉及人的意识、思想、思维活动,灵性涉及对生命意义和价值的思考等。三者之间存在互动关系,可以通过促进"身、心、灵"三者之间关系的良性发展,实现保持身体健康,保持内心平衡,抵御身体疾病和精神困扰,强调整体、系统的重要性,进而实现全人健康的目标。

香港大学行为健康教研中心(Center for Behavioral Health),实践性地整合中西方理论促进全人健康。该中心运用科学的方式做相关研究,提供行为健康方面的专业培训和教育,从身体方面(身体健康、锻炼、饮食),从心理方面(想法、情绪、行为、人际关系)和灵性方面(生活和目标的意义、价值和世界观)提高个人的身体和精神健康。研究曾探索身心灵综合健康团体辅导模式对增进大学生心理健康的影响作用。研究发现参与四周的身心灵活动后,参与的大学生受到生活事件影响的程度显著减轻,SCL-90的多个因子显著改善,主观的积极态度和人际信任等方面有明显改善。借鉴此理论,本校从2011年10月份开始,引入身心灵干预模式来开展心理辅导的相关工作。这种模式除了应用于团体辅导,也应用于个体心理辅导。

二、UIC 身心我俱乐部

UIC引入身心灵健康全人健康模式并结合自身需求发展建立了"身心我俱乐部"(BMS Club),而名字中的"我"提取了"灵"中意识、思想和思维活动的部分且侧重于自我认识。个人成长及辅导中心在实施的过程当中,于师生活动中心选取了一个固定的活动空间开展相关活动,并且命名为"美善生活空间",旨在给学生和教职员工提供一个舒适的场所并举办能够提升身体、心理健康的活动,其最终目的是想传递一种生活态度和自我调节方式。

身、心、我互为影响,对维持心理健康同等重要,开展身心我活动的目的是提升学生对身、心、我三个方面的关注,鼓励学生进行个人健康培育和发展,而心理辅导员也会带动学生通过身心我活动学习管理情绪、管理压力和认识自我等。在这个过程中,个人成长及辅导中心为学生搭建平台,举办了各式各样的活动,让学生可以展示个人才艺,例如,瑜伽、舞蹈、绘画、书法、布艺手工、特色茶艺等等。在这些身心我活动中,学生们通过交流来分享生命力和快乐,带领者和参与者均见身心我各方面的提升和流动。活动中,为了帮助自信心不足或不擅社交的学生,个人成长及辅导中心发掘并利用学生个别的才能开设课程,让其作为导师分享他们的才能,成功帮助了不少学生重拾自信。

身心我俱乐部采用会员制度。现有在校会员468人,学生成为会员后会填写身心健康问卷,心理辅导员与学生会以该份问卷结果作为参考,然后共同商讨制订适合学生个人的健康计划表，鼓励学生执行制订好的计划。我们期望学生在这个过程中学会有意识地平衡学习、身心健康与休闲娱乐之间的关系。身心我健康计划一般以一个学期为单位，通过三个月的身心健康计划执行。通过分析问卷前测及后测的数据发现，身心我健康计划能够帮助提升学生的身心健康。

除了协助制订个人计划外，每学期我们会给会员提供一系列身心健康活动。曾开展的特色活动项目有：艾扬格瑜伽、无器械健身、营养关注工作坊、肚皮舞、商卡洁肠瑜伽、大笑瑜伽、爵士舞、英文书法、交谊舞、形体课等。参与者参与的目的（多选）不一，包括锻炼身体（91.6%），调节情绪（58.3%），减轻学业（工作）压力（25%），提升综合素质（16.7%），出于爱好（4.2%）。年度的活动满意程度均高达90%，平均每学年869人参与活动，活动参与度较高，会员在活动中参与活跃。以下为会员部分活动反馈，活动带给会员的收获涉及身心我：

表 4-1 会员部分活动反馈

活动课程	期望活动类型	意见或活动感悟
英文书法	民族舞	有了许多体验，多了一个兴趣，时间可以多一些
英文书法	瑜伽	时间再长一点
英文书法	声乐	坚持下来难，但收获很大
英文书法	英文书法、气道	很有趣，能静心养性
英文书法	乐器	中文书法
英文书法	毛笔字	增加导师互动，扩展培训范围
英文书法	健身	练习过程心情很平静，增加了耐心，喜欢
英文书法	园艺	丰富了大学生活，长了见识，接触了高大上的活动
英文书法	硬笔书法类	排解压力，调节情绪，个人感觉很好
英文书法	瑜伽	很开心，感觉生活有点儿惬意
爵士舞	瑜伽	过程有趣，很受益
爵士舞	爵士舞、hip-hop	虽然跳不好，但很喜欢，释放了课业的压力，很不错的活动！建议：稍微延长时间；短信通知更好；希望有条件的话增设舞种
爵士舞	跳舞、跑步	很享受跳舞的过程，能够跟一群志同道合的朋友一起锻炼身体，感觉很快乐！
爵士舞	希望有更专业的老师	进度慢，有点失望；从另一方面看到老师很耐心、细心指导动作
爵士舞	基本功加舞蹈	建议持续开班，老师和学生固定不变，难度不断加深

续　表

活动课程	期望活动类型	意见或活动感悟
肚皮舞	大笑瑜伽、有氧操	对放松心情很有帮助，很开心。还交到一些朋友
肚皮舞	瑜伽、肚皮舞	可以放松，棒！
肚皮舞	瑜伽、爵士舞	很棒！很喜欢这类课程
瑜伽	瑜伽、无器械健身	身心得到了放松
瑜伽	爵士舞	有助于平衡生活
瑜伽	华尔兹	放松心情，感恩！
瑜伽	乐器类	认识有共同爱好的同学，而且调节情绪，缓解精神压力
瑜伽	健身	半个学期的瑜伽课，每周一次虽然运动量不大，但是还是提醒我运动，对于养成运动习惯有很大的帮助，一天的工作下来，每次瑜伽课是我最好的放松，特别对于我的睡眠，有了很大的改善。以后我要坚持每周运动
瑜伽、呼吸调节、形体等	音乐类	练完的确放松很多，有效果。这项活动开展得非常好，以后我还会抽空参加
瑜伽	其他运动	很喜欢瑜伽这个项目，可以让人变得心境愉悦。肚皮舞难度较大，练了一次以后不敢再练了
舞蹈：交谊舞	街舞	美善生活空间的活动非常好，参加活动后感觉受益颇多，希望以后继续进行下去
形体训练	饮食健康	身体舒展很多，上完课后心情也变得很好
瑜伽	乐器	每周能抽一个小时让自己完全放松感觉很好，希望以后还有机会参加
瑜伽	其他运动	喜欢瑜伽，每次练完很放松，很愉悦

除了关注身心我活动给参与者在身心我方面的收获外，带领活动的导师也是我们关注的另一群体。我们一般让通过招募和选拔的有相关知识和才能的学生担任带领活动的导师，期望在过程中能够提高学生导师的自我效能感和责任感，在教与学的关系当中体现自己的价值和学习与他人接触沟通的方式。身心我俱乐部曾组织过一个书法学习小组，而这个书法学习小组源于一位患上抑郁症的学生。该学生因失去学习动力，成绩偏差而未能准时毕业，在其情绪低落的同时，不但未能应付日常的学习，自卑的心态更妨碍其与他人接触，导致长期的自我孤立，身边缺乏同辈的支持。跟这个学生进行了一段心理交流后，为提升他的自信心，心理辅导员游说他带领身心我书法学习班，课上心理辅导员穿插在他身旁，请教他的书法造诣，引导大家互相学习。

在某一个晚上,他独自把大家使用的工具准备好,收拾好,跟大伙儿谈笑自如,自此心理辅导员便不需要再陪在他身旁。他随之把学业拾起来,有了好朋友,找到了人生的意义,重拾自信心,病也远离了他。身心我俱乐部为个人辅导提供辅助,让我们不单能从个人微观层面为学生提供服务,更能够从学生所在的生态圈出发,帮助他们在亲近的环境圈里获取所需,无论作为参与者或是导师,这里面的力量远比我们想象的多。

另外,身心我俱乐部也为会员提供图书借阅服务。我们精心准备了多达 200 本的图书供会员借阅,包括了解自我、情绪管理、压力管理、时间管理、健康养生、饮食指南等,为学生在身心我层面的提高提供知识储备。

以下为身心灵手册样式:

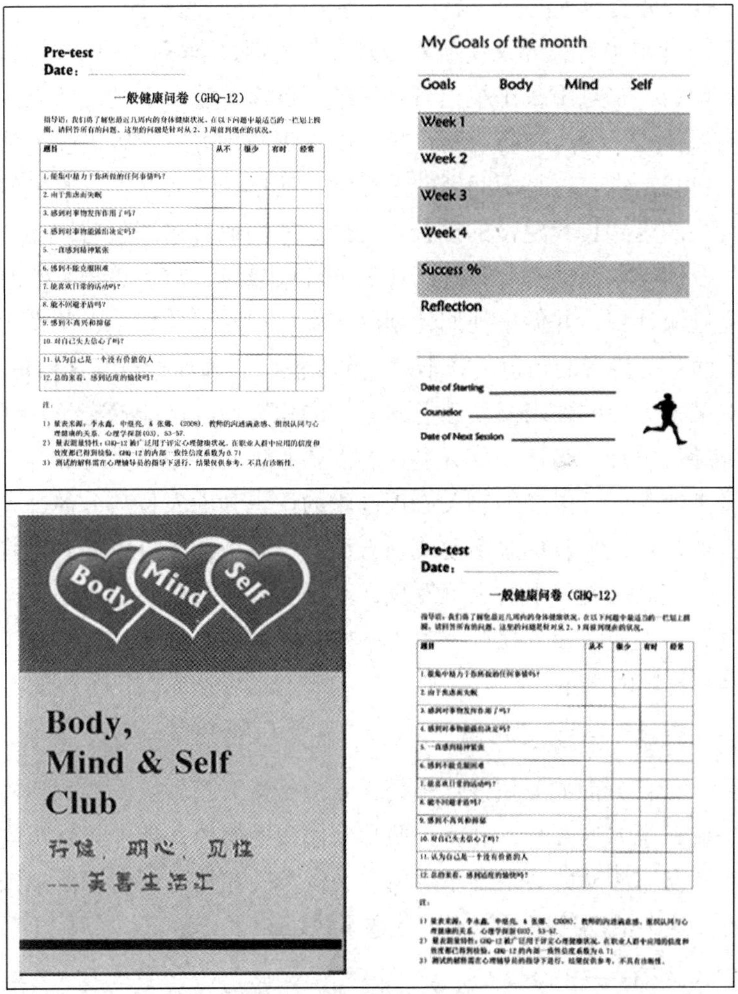

图 4-1　身心灵手册样式

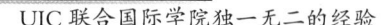

三、身心我关爱大使

由于青少年生理与心理成熟程度不相适应，再加上外界社会环境的影响，易产生厌学、破坏纪律等行为。但是除了按纪律处分违规违纪的学生外，倘若校园不能从关爱学生个人成长的角度出发，容易让学生对学校产生不满的对立情绪，产生过激行为。个人成长及辅导中心招募了一批"身心我关爱大使"，并带领他们开展活动。"身心我关爱大使"是一种朋辈辅导模式在现实中的应用，它的目标是训练部分学生成为"身心我关爱大使"，在校内向同学推广心理健康知识，并对有需要的同学给予有效的朋辈支持。在这个过程中，同学们可以运用自己的力量感染身边的同学，也可以通过对助人技巧的学习，提升关爱他人的能力。

在这个计划中，关爱大使需要每月参与培训，学习沟通的技巧以及心理健康相关知识，并且组成小组，策划和举办传递关爱的活动。培训内容主要是基本沟通技巧、助人技巧、角色定位的认识与练习，辅以关爱大使们的自我认识、自我探索。这是不间断的、经常性的培训和实践，故大使们均可透过助人行为而得到自我建设的提升。关爱大使们通过培训之后，有能力成为个人成长及辅导中心的身心我健康计划的健康教练，与关心身心健康的同学一起订立健康计划，并促进他们计划的实施。在这个计划中，关爱大使扮演的是一个朋辈支持者的角色，并不是一个专业的心理辅导员，这种角色定位，降低了对关爱大使的要求，增强了同学们的积极性，也能够有效地帮助专业的心理辅导员识别、筛选一部分潜在的需要心理辅导的学生。参与了这个计划，关爱大使除了可以增加有关心理健康的认识和助人技巧，促进人际关系和谐的沟通技巧，吸收更多活动策划方面的经验外，还可以提升自我认识，投入到一个充满关爱气氛的大家庭里，获得更多朋辈支持。我们希望以校园的整体气氛和关爱大使为榜样，致力推广"关爱的文化"，使学校充满主动表达、互相肯定的气氛。

（一）活动—— 微笑传递

关爱大使首先向同学们发出邀请，希望征集大家微笑的照片，将收集到的照片拼成一张大的照片，并将大照片制作成明信片，让他们将明信片传递给他们的朋友。活动的效果出乎意料，关爱大使在短时间内就征集到很多同学的照片。这个活动传递了微笑，传递了快乐。

（二）活动—— Free Hug

Free Hug 系列活动为期一个月。关爱大使在每周三下午都会穿上熊本熊的玩偶服，在师生活动中心门口的广场上出现，邀请路人与它拥抱，拥抱之后还会获得关爱大使派发的正能量明信片和个人成长及辅导中心的书签。在这一个月的活动中，我们看到很多同学在看到玩偶的时候是比较开心和惊喜的。一开始也有些同学对这个玩偶很有兴趣，却不愿上前去拥抱，后来就有越来越多的同学愿意主动来拥抱这个玩偶，与玩偶合照。这个活动对个人成长及辅导中心进行了很好的宣传，让很多同学知道了在情绪不好或心理方面有困惑的时候可以尝试向个人成长及辅导中心这个部门求助。我们相信 Free Hug 活动很值得在校园内继续开展。

目前，我们已经建立并发展了一个比较稳定的关爱大使团队，虽然只有十多位大使，但是这个团队内已经建立了一定的归属感。很多愿意加入关爱大使团队的同学坦承，他们参加这个计划是因为自己从个人成长及辅导中心获得了很多支持，现在自己也希望能够回馈给更多的同学。所以，在这些关爱大使的身上已经逐渐形成浓厚的关爱他人的意愿和意识。他们也很骄傲能举办这些关爱活动并能够在校园内传递关爱讯息。

第三节　UIC 的心理辅导

一、新生心理普查

个人成长及辅导中心会在新生到校后的一个月内进行全面的心理普查，借此了解大一新生最近两个月及一年的心理状况，筛选有需要帮助的同学而为其提供心理支持服务。我们采用的是大学生人格问卷（UPI），它是由参加 1996 年全日本大学保健管理协会的全国大学心理咨询员和精神科医生根据丰富的临床经验和咨询实践集体讨论编制而成的，中文版由清华大学樊富珉教授、王建中等翻译、修订，于 1993 年在我国正式使用。通过大学生人格问卷这一心理健康量表的筛查，大学生中所存在的神经症、心身疾病、精神分裂症，以及种种烦恼、迷惘和冲突都可以被了解。

大学生人格问卷在施测中要求实名填写，学生所提供的基本资料在两方面起着非常重要的作用：一方面，学生在该部分提供的基本联络信息，包括姓名、学号、电话等，可在有需要的情况下，帮助心理辅导员及时联系到学生，提供适切的关注和及时的干预；另一方面，学生的背景信息，如专业、出生年月、性别、兴趣爱好、家族心理病史、学习动机等，在一定程度上高效地提供了学生的背景信息，为心理辅导员更快速地了解学生的成长环境和目前的困扰提供了便利。

当新生完成填写后，由个人成长及辅导中心的心理辅导员收集问卷，处理数据，根据问卷结果，心理辅导员会一一约见其中需要关注的同学，特别是填写了曾经有自杀行为、自杀念头或精神病患的新生。

自从 2010 年实施新生心理普查项目以来，UIC 学生事务处个人成长及辅导中心逐年完善了该项目的实施方案，近年来基本遵循以下流程：

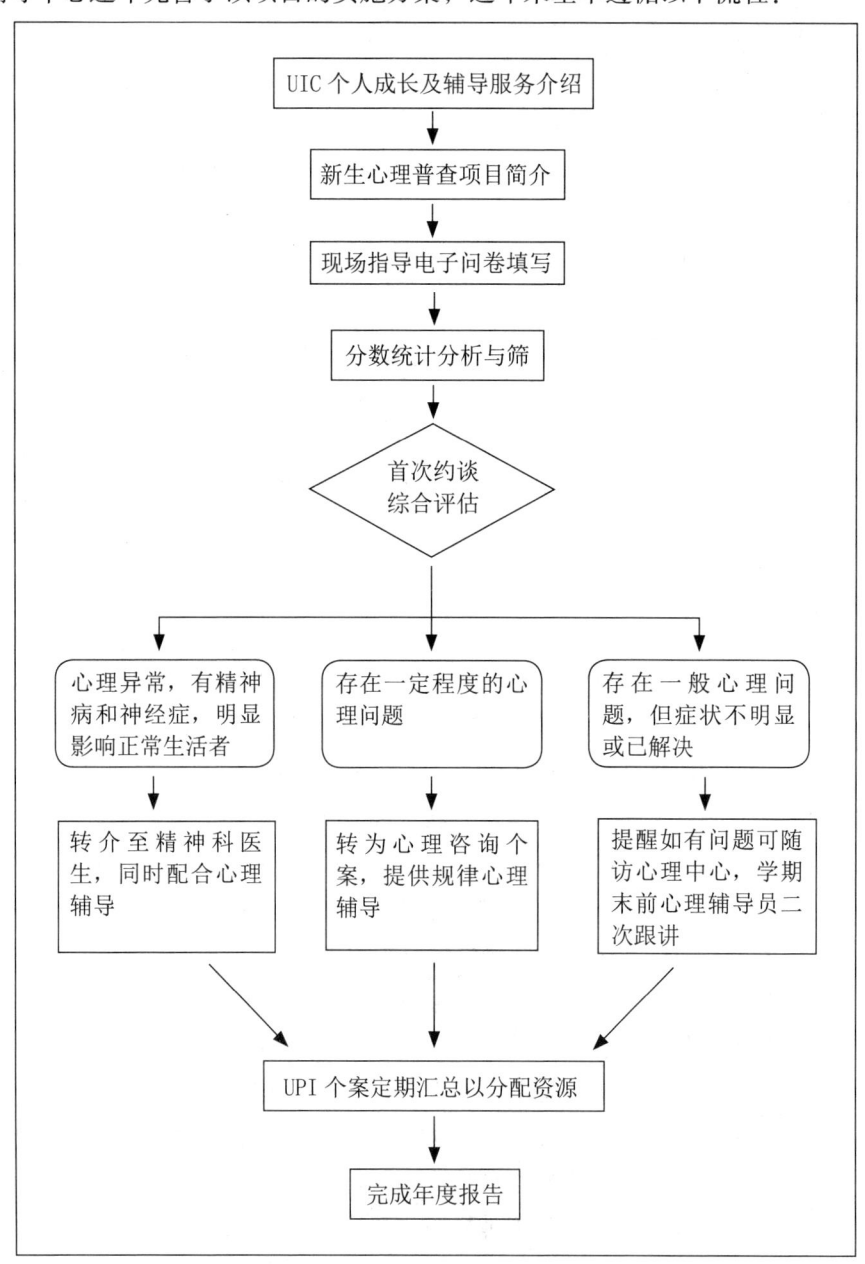

```
UIC 个人成长及辅导服务介绍
        ↓
新生心理普查项目简介
        ↓
现场指导电子问卷填写
        ↓
分数统计分析与筛
        ↓
   首次约谈
   综合评估
   ↙    ↓    ↘
心理异常，有精神    存在一定程度的心    存在一般心理问
病和神经症，明显    理问题              题，但症状不明显
影响正常生活者                        或已解决
   ↓              ↓                    ↓
转介至精神科医    转为心理咨询个      提醒如有问题可随
生，同时配合心理  案，提供规律心理    访心理中心，学期
辅导              辅导                末前心理辅导员二
                                      次跟进
   ↘              ↓                    ↙
         UPI 个案定期汇总以分配资源
                  ↓
            完成年度报告
```

图 4-2　个人成长及辅导中心关于新生普查项目的具体方案

（一）筛选机制

UIC 采取中国大陆普遍通行的第一类筛查机制，但在重要性顺序上会根据个人成长及辅导中心的经验做适当的调整。

（1）25 题：UIC 首先关注在"25.活着没意思"作肯定应答者，所有在该题勾选"是"的同学均会尽快被安排与心理辅导员面谈，在面谈中要评估"活着没意思"的具体含义，如果涉及自我伤害的意念或者行为，需进行进一步的评估。

（2）3 选 2：第 61—63 题中，选择了 2 题以上的同学也会收到心理辅导员的约谈电话。这是因为我们非常重视学生的自我评估，当学生认为自己曾经或者现在有一些心理问题，说明他们的成长中出现了让自己觉得费解或者觉得自己与其他人很不一样的地方，而缺乏一定的解惑通道。当然，也有部分同学是因为对心理问题缺乏一定的认识，例如，有的同学会说，"我看到别人的分数很高，我就会很不舒服，我内心太阴暗了"。进一步和同学探索他内心的"不舒服"非常有意义，是对自己有更高的期望，还是说要将比自己强的人都打败，这些具体的想法很值得探讨。

另外，如果在过去的经历中已经去看过心理医生或者心理咨询师，很大程度是因为该同学的问题已经在很多方面有所表现，所以在父母或者老师同学的转介下进行心理求助。心理健康在中国目前的普及程度仍然不够高，人们的病羞感仍然较为强烈，会认为看精神科医生或者心理医生是很丢人的事情，甚至将心理或者精神卫生与鬼神扯上关系，这就导致不到万不得已，一般人是不会求助于心理医生的。往往是父母发现孩子的成绩一落千丈，或者孩子发现自己已经不能适应学校的状态，有强烈地想伤害自己以逃离学校的想法和行为，才会去寻求心理援助。从近年与 3 选 2 的新生面谈情况来看，大部分学生都在不同程度地经受着或者曾经经受过各种心理困扰，进入大学后需要持续的心理辅导甚至精神科医生的持续干预。

（3）主动求助：在"64.你有健康或心理卫生方面想要咨询的问题吗？如有，请简述"中清楚列出自己想要咨询的议题，心理辅导员在统计时，会将议题分门别类，决定是否向这一群主动求助的学生发起面谈邀约。

以 2017—2018 年大学生人格问卷的部分统计资料为例，以下截取了在 64 题中简单论述的应答：

• 对自己的目标和计划没有明确的概念，并时常感觉烦恼

• 对未来的发展有点迷茫，对独立进入社会有些许担忧。有时对一些价值观存有疑虑

- 对什么都没兴趣
- 对朋友患得患失
- 低血压，心跳时常加速，经常处于心慌晕厥状态
- 大学时期是否更加应该享受独处？
- 大部分时候心理都很健康
- 常常想睡觉是为什么？
- 曾经接受过的心理辅导是因为考试的时候会过于紧张……经常会眩晕

通常在这一个题目上，超过一半的同学会简述，但是在实际筛选的过程中，不可能将所有简述的同学都邀请到面谈中。我们会根据同学的应答内容做出一个严重程度的排序，在上述9条简述中，相对较为严重的困扰依次为"3.对什么都没兴趣""9.曾经接受过的心理辅导是因为考试的时候会过于紧张……经常会眩晕""4.对朋友患得患失"等，这些同学会被邀请面谈。对于大学生普遍存在的议题，如对未来发展的迷茫、缺乏目标和计划，个人成长及辅导中心会有一系列的团体辅导或者工作坊提供给大一新生帮助他们更好地适应大学生活。而对于"7.大部分时候心理都很健康"这一类的应答者不会邀请面谈。

（4）总分25分及以上：经过以上三步筛查之后，最后一步是筛查出总分在25分及以上的同学，这些同学在56道症状题中有近一半的身体或心理的不适，需要加以干预和指引。

以上筛查工作须在所有学生填完问卷之后的三个工作日之内完成，以确保尽快进入面谈环节，为有需要的学生即时提供心理支持和干预。

（二）首次约谈

通常会从以上四类学生中抽选15%—20%的学生作为约谈对象，分配给11位心理辅导员，每位心理辅导员大概需要会见15—30位学生，再进行进一步的评估。这一部分工作需要在分配之后的一个月之内全部完成，并填写面谈记录。

部分约见困难的学生，如始终无法拨通电话，或是拒绝前来面谈的学生，心理辅导员需要联合社区发展组，学部的同事，达成约谈，对学生的情况做即时的评估和跟进。

（三）跟进

在首次约谈中，心理辅导员需对学生的情况进行评估，并确定下一步的跟进方案。通常会分为以下三种类别。

（1）心理异常，有精神病和神经症，明显影响正常生活者，如精神分裂症、

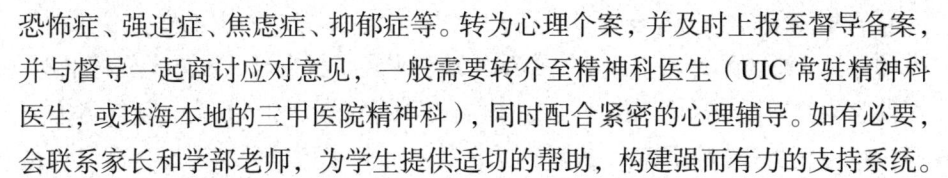

恐怖症、强迫症、焦虑症、抑郁症等。转为心理个案，并及时上报至督导备案，并与督导一起商讨应对意见，一般需要转介至精神科医生（UIC 常驻精神科医生，或珠海本地的三甲医院精神科），同时配合紧密的心理辅导。如有必要，会联系家长和学部老师，为学生提供适切的帮助，构建强而有力的支持系统。

（2）心理正常，但存在一定程度心理问题，如人际关系不协调，新环境不适应等。转为心理咨询个案，提供规律心理的辅导，直到问题解决或者明显好转。

（3）心理正常，存在一般心理问题，但症状不明显或已解决。与学生共同商讨目前是否需要进行定期的心理辅导，如果双方都认为不需要，则对同学进行必要的心理教育，帮助同学辨别自己的心理困扰，提醒有需要时可随访心理中心。如果学生学期内未来访，该学生的心理辅导员会在学期末前再次致电该学生，关心其生活进展。如果在一学期内均较为稳定则可结案，如果仍有困扰或有需要进行心理辅导，则转为心理咨询个案。

（四）UPI 个案定期汇总以分配资源

所有的心理辅导员会每周开会讨论 UPI 个案面谈的情况，以及提出需要的资源，包括精神科医生的介入，学部的配合，社区组的支援等，督导会将所有个案的需求记录在案，后续做出及时而妥善的安排。

（五）完成年度报告

通常在大一下学期会对整个新生心理普查做一个统计，包括参与 UPI 的学生比例、筛查出来的三类学生的占比等，并根据这些数据提出相应的年度工作计划。

二、个别心理辅导

个人成长组及辅导中心为个人因情绪、学业、环境适应、恋爱、人际或家庭关系、自我认同和信心等问题困扰的学生提供心理辅导服务，帮助学生自我了解和提供辅导资源，协助探索和应对生活中不同的挑战，这是我们工作中最重要的一部分。

目前中心共有 10 名专职心理辅导员，每一位辅导员均具备心理辅导及相关专业硕士学位，认知行为疗法、家庭治疗及后现代的焦点解决短期治疗、叙事疗法较为常用。每名辅导员每学期负责为 50—60 名有心理需求的学生提供 1—15 次不等的心理咨询服务。中心有完善的督导制度，由督导为心理辅导员提供必要的指导，以便让年资较短的同事学习如何处理不同类型的个案，与此同时，在处理耗用心力的特别个案时，心理辅导员也可得到后盾般的支持。

一般来说，个别心理辅导是在充分尊重个人私隐的环境中，通过探索个人的经验、感受和想法，让学生更深入地认识和了解自己，发挥个人的潜能，促使学生健康地学习和成长。心理辅导员与学生在认知、行为、情绪各方面进行讨论，协商如何调整、应对，并在其身心状态稳固的情况下，深入讨论自我认识、自我反思，找出生命意义和个人的价值思考。

根据专业辅导的道德守则，辅导期间所谈及的内容必须严格保密，在某些特殊情况下，如对当事人或他人构成即时危险等情况下，心理辅导员有义务违反保密守则，包括法律法规等。

根据精神卫生法，心理辅导员处理危机或者精神病个案时务求小心。这类型个案是辅导中心的一大挑战，遇上紧急个案时，需要多方的密切配合。其中 UIC 主要从三个方面着手处理危机个案以及精神病个案：

第一，处理危机时，心理辅导员跟干预危机小组成员互相配合，主要明确核心问题，保证患者安全，提供情感支持，联系亲属，送院就医，协助办理校务相关手续等。

第二，我校个人成长及辅导中心长期外聘的精神科医生，会定时为有需要的学生作诊断，监察病情，依时用药。

第三，当学生休学，康复后回校，辅导员会定时跟进，与学生倾谈，确保病情稳定；跟家长、老师及相关宿舍楼主也同样保持沟通，共同协作。

三、驻校精神科医生

UIC 特别重视学生的精神健康，从有校园心理服务开始，就聘请中山大学三院的精神科医生每月到校一日，为有需要的同学提供服务。心理辅导员在跟进个案过程中，遇到出现严重心理问题的同学也会先转介到精神科医生处接受评估诊断。心理辅导员与精神科医生密切合作，探讨更加适切的治疗和辅导方案。

四、团体心理辅导

相对于个人辅导来说，小组可以提供替代性学习与技巧演练的机会。小组成员在一系列的互动当中，观察、模仿、体验他人的经验，进行学习和练习。而小组其他成员可以给予多重反馈，提供多样的观点。另外，小组还可以增强小组成员的社会认同感和归属感。当个人遇到困难时，往往会将自己的问题看得很独特，从而产生恐惧、无助和失望的感觉。小组成员往往有共通性的经验，在分享的过程中，他们发现其实还有人陪伴自己走过这段人生旅程，得到彼此的认同、支持与关怀，体验互助互利，增加其在小组内的归属感以及解决问题的信心，提高自我面对生活的能力。

每个学期个人成长及辅导中心都会组织2—3个专业的辅导团体，类型包括治疗性小组和发展性小组，如：自信心提升小组、驯服拖延小组、压力管理小组、人际关系修炼小组、适应能力提高互助小组。

每一个辅导团体都由1—2名心理辅导员独立策划执行，督导给予适当指导。心理辅导员依据自己的辅导流派以及团体的主题设计团体流程，如表4-2所示，将短期焦点解决的辅导思路应用于解决学生拖延问题；如表4-3所示，将社会学系理论用于提高新生适应能力。

表4-2 驯服拖延小组——焦点解决短期治疗

第一节	不一样的正能量 初步认识焦点解决短期治疗 （Solution-Focused Brief Therapy，SFBT）理念 形成支持性团体氛围
第二节	当天使看见我 互相提供正向反馈，提高学生自我效能感 寻找一小步改变
第三节	星星之火 赋能 寻找例外事件中的资源，深入理解焦点解决短期治疗的精神
第四节	燎原之光 赋能，寻找例外事件中的资源 互相给予鼓励和意见
第五节	当奇迹来敲门 赋能，寻找资源 注入信心
第六节	相信未来 强化资源和信心 处理告别情绪

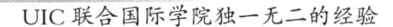

表 4-3 适应能力提高互助小组——社会学习理论

第一节	**"解适"联盟建立** 相互认识并确立小组目标 建立互助团体氛围 分享各自的适应难题
第二节	**"解适"** 问题一般化 适应能力提高技巧 学长学姐适应实践分享
第三节	**联盟共享** 建议共享解决资源和讨论
第四节	**联盟同行** 角色扮演相应适应技巧 互相分享组员的应对优势
第五节	**"我是大学生了"派对** 给组员鼓励卡片 鼓励组员应对适应难题 小组总结和处理离别

  培养大学生身心灵全面发展是心理辅导员肩上的重任。大学生校园辅导不纯粹是心理上的干预，还需要包括改善学习技巧和习惯，提高面对和解决日常生活和人际关系（包括爱情、家庭及其他人际交往）问题的能力，协助大学生寻找职业目标等。我们通过校园辅导，帮助大学生成为有良好心理质素的个体，能够保持良好的情绪状态，建立自信心和责任感；重视均衡作息和营养；找到自己的兴趣爱好，树立良好的目标和价值观，等等。

第五章 学习型社交圈的建立

宿舍是学生交流及学习的重要阵地，而大学宿舍文化建设是高校德育教育的重要途径之一。UIC 作为一所拥有独特教育理念的国际化大学，它致力于建立一个充满理性与关怀的生活和学习空间，建设一个传承文化与思考未来的终生学习型社区，鼓励同学参与社会生活，在课堂外尝试待人接物和建立关怀他人的信念。此社区是以其固有的成员为主体，并以此主体为中心展开一系列社交活动，在活动中相互交流与学习，逐渐形成具有苑舍特色的学习型社交圈，管理与学习并行。然而，随着高等教育的不断改革与创新，大学宿舍文化建设还面临许多新问题，迫切需要管理者寻找新型的学生宿舍管理模式，以更有效地建设大学生学习型社交圈。

第一节 学习型社交圈角色介绍

UIC 为了推动苑舍文化以及学习型社交圈的建设，设立了"舍堂管理制度"，此制度的负责成员包括：舍监、舍堂主任、学长舍堂导师、苑舍学生委员会、舍堂助理，以及宿生，舍堂公共设施也在其中充当一个重要的"角色"。学习型社交圈负责成员的介绍如下。

一、舍监

来自 UIC 各学部的专业教授或具有博士学位的职员经面试筛选兼职担任，每一个苑舍均设有一个专属苑舍舍监（目前 UIC 有八大苑舍），是苑舍文化构建的象征领袖及行为表率。

各苑舍舍监来自不同背景、不同学术研究领域和不同专业，不仅能为苑舍文化注入舍监独特的个人风格，也为构建个性化及多元化的苑舍文化提供了更多的智库资源及活动拓展资源。例如，舍监与学生事务处每个月会有定期会议，共同讨论关于苑舍文化构建的方向、年度活动计划的开展，以及苑舍特色活动的创新等问题；而在苑舍活动拓展方面，舍监也会积极调动其学术或者社会资源来丰富学生活动的形式和范畴。如博雅苑舍监在苑舍晚宴上邀请了台湾知名教授作为分享嘉宾；卓雅苑舍监也通过社会关系组织学生前往优秀的公司、企业参观。

此外，鉴于舍监在学术上的威望及影响力，针对部分违规违纪的学生，如晚归超过三次以上的同学，舍监有职责对其进行面谈教育，给予适时适当的引导。而对于苑舍学生委员会及学长舍堂导师开展的各类大小活动，舍监也会积极响应并参与其中，发挥其与生同乐、亦师亦友、服务型领袖的作用。

总之，舍监是学习型社交圈不可或缺的精神领袖，是苑舍文化构建的智库，也是服务型领袖的践行者。

二、舍堂主任

由学生事务处学习型社区发展组的职员组成，是维系舍监与学长舍堂导师、苑舍学生委员会、舍堂助理及宿生的共同纽带，也是学生事务工作的"驻地前线主力军团"。

舍堂主任有一个通俗化的名称，简称"楼主"。之所以称"楼主"，顾名思义，是一栋楼的一家之主，也是"大当家"。在UIC，宿舍楼并不仅仅是住宿楼，每个楼栋都包含着独特的苑舍文化。自2017年正式迁入新校区，按苑舍定义来划分，一共有八个苑舍，包括科雅苑、寰雅苑、卓雅苑、文雅苑、智雅苑、博雅苑、创雅苑、德雅苑，每个苑舍用不同的颜色区分。每个苑舍配备两名舍堂主任来共同参与苑舍文化建设。

舍堂主任是UIC苑舍文化构建理念的特色之一，也是贯彻执行24小时全天为学生服务的主力军，每天都会安排职员轮值紧急热线电话，真正为学生做到24小时无缝对接服务。

舍堂主任"大当家"，旨在为学生提供安全、贴心、丰富、全天候的苑舍服务。舍堂主任的日常工作涉及苑舍楼栋内的大小事务。大到楼内所有公共设施的管理和维护，如公共空间、自习室等；小到学生寝室的各类维修、硬件问题等，都要监管处理进度。在学生管理方面，每个楼栋配有门禁刷卡系统来监控学生每天的活动情况，如有超过24个小时无刷卡记录的学生，则需要及时联系学生本人掌握其去向。此外，还需要每周跟进学生晚归记录，及时把握学生日常动态。

除了以上提及的日常行政事务之外，舍堂主任还肩负着另外一个使命——连接舍监、学长舍堂导师、苑舍学生委员会及宿生共同纽带的"舍堂大导师"。作为一线学生工作者，对上连接苑舍舍监，是舍监的上下沟通的"执行秘书"；对下链接学长舍堂导师、苑舍学生委员会、宿生，是其三个角色的"直接负责人"和"引导人"。

对于舍监，舍堂主任一方面要积极邀请舍监参加学长舍堂导师、苑舍学生委员会组织的活动、会议来增强彼此之间的互动沟通；另一方面也要积极配合舍监工作计划的推进和落实，为构建苑舍文化提供资源及注入新的元素做出应有的贡献。

学长舍堂导师，作为舍堂主任的"小同事"，既是支援舍堂主任繁杂工作的得力助手，也是苑舍文化建设中发挥"社区领袖"作用的引导者。

对于苑舍学生委员会，舍堂主任既是连接舍监与其沟通的桥梁，也是指引和促进其发挥苑舍文化构建中坚力量的推动者。

对于宿生，舍堂主任则是直接利益和权益的反馈及关注对象。通过引导学长舍堂导师、苑舍学生委员会开展楼层和楼栋的苑舍活动，满足其课外娱乐与学习互益共长的需求。通过舍堂助理一线情报，及时了解学生动态，保障其身心安全，为其四年的大学生活保驾护航。

综上所言：舍堂主任，既是"楼主"，也是"舍堂大导师"，既是连接纽带，也是沟通桥梁，在苑舍建设及学习型社交圈建立中发挥着不可替代的作用，是学生工作责任与爱的守护者及执行者。

三、学长舍堂导师

学生事务处一直致力于建立充满爱与关怀的学习生活环境，贯彻 UIC 博雅教育的理念，推行全人教育，建设终身学习型社区，并实行舍堂管理制度。舍堂管理不能仅仅靠老师，更重要的是能够师生共建，让更多的同学能参与到苑舍建设中，在实践中锻炼自己，学生事务处每年都会招募新一届学长舍堂导师。每位学长舍堂导师大约负责 80—100 名学生，每周工作时间不少于 8 小时。

在学长舍堂导师的工作当中，通过宿舍走访了解宿生的需求，广泛收集并及时反馈宿生的意见和建议，建立宿生与学校沟通的桥梁。每学期也会举办所负责楼层的小活动，拉进与楼层宿生的距离。可以说，学长舍堂导师在组织活动时，都希望有更多的同学来关注参加，但是这些"人气"是需要平时走访积累的。因此，宿舍探访和楼层活动可以说是相辅相成的，缺一不可，这也就要求他们在走访和开展活动时注重质量，而非数量，不仅要让同学经常看见学长舍堂导师的探访和互动，更要让大家觉得他们的走访是有意义的，而他们所举办的活动是丰富而有趣的。此外，学长舍堂导师还需要协助学生事务处、舍监及舍堂主任积极宣传和推动苑舍文化活动，宣传校规校纪，落实苑舍文化的构建工作。

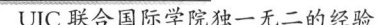

四、苑舍学生委员会

苑舍学生委员会（下文简称"委员会"）本着自治精神，为促进宿生交流和团结、为宿生谋求福利、丰富苑舍生活、增进苑舍归属感而成立。委员会为每个苑舍的学生自治组织，隶属于学校学生会，由各自苑舍全民投票选举产生。

委员会的主要工作是根据学期具体情况制订年度活动计划，通过举办活动为宿生带来福利，拉进宿生之间的距离，增加宿生对苑舍的归属感。委员会成员也会通过走访宿舍了解宿生的需求，广泛收集并及时反馈宿生的意见和建议，从而制订活动计划，积极推动苑舍文化的构建。

委员会成员在走访过程中，同学们大多会配合他们的工作，也会积极地反映对苑舍活动的期待。同时也会反映遇到的问题并提出一些改善意见和建议，例如，2017年搬迁新校区后，宿生普遍反映的淋浴房的热水问题、公共空间卫生问题等。虽然委员会无法直接帮助同学们解决问题，但是可以为同学们向学校相关部门反映，及时解决完善宿生面临的生活问题。可以说，苑舍学生委员会也是宿生与学校沟通的桥梁。

五、舍堂助理

作为这个学习型社交圈的"一线管理员"，兼顾舍堂形象及与学生沟通的"第一桥梁"，舍堂助理的责任与意义非常重大。每一名新生进入舍堂时，接触到的第一名舍堂老师就是舍堂助理。

舍堂助理的日常工作主要是帮助学生更好地适应和融入舍堂生活。舍堂助理服务台设立于各栋宿舍大堂，以便他们能够在第一时间了解到学生的动态，如外出与归寝时间、离校回家时间，以及寒暑假离校情况等。此外，由于学生每天进出楼栋时都会经过服务台，舍堂助理便可以利用这个机会对同学进行关怀和沟通，建立深厚的友谊，也便于学生在面临宿舍生活问题的时候可以第一时间寻求到帮助。

舍堂助理另一个重要职责是处理舍堂突发情况的"第一人"，学生在舍堂里生活难免会出现一些突发情况，而舍堂助理作为长期驻守舍堂的职员，总能在第一时间到达现场并根据实际情况处理事件。由于平时与学生建立了深厚的友谊关系，舍堂助理总能够根据学生的实际需求，选择最优的处理方式，大大地优化了突发事件的处理结果，保障学生的安全。

在这个学习型社交圈里，舍堂助理的存在是必不可少的，让学生感到家的温暖的同时，也一直维护着舍堂的安全，成为这个社交圈的"防护层"。

六、宿生与舍堂公共设施

宿生即住在舍堂里的学生，其作为学习型社交圈里最核心的成员，是以上提到的舍监、舍堂主任、学长舍堂导师、苑舍学生委员会、舍堂助理的工作对象，也是苑舍文化构建工作的主角。宿生根据自己的性格与爱好，积极参与各项苑舍文化活动，丰富自己的课外生活，让自己在这个社交圈里不断成长。

而为了打造一个优质的学习与交流的环境，舍堂里设置了相应的公共设施，如大堂讨论区、自习室、公共空间等。大堂讨论区的设置使得宿生能够随时地与本楼栋外的学生进行作业的讨论，从而让宿生在舍堂生活期间也能感受到小组合作的气氛，增添共同学习、共同合作的体验。公共空间和自习室的设立，是舍堂里采用"动静结合"元素的结果，"动"的公共空间，可以让宿生在里面进行简单的煮食或聚会，组织各类小型活动，从中会体会到更多生活的意义；"静"的自习室，可以给宿生提供安静的学习环境。与此同时，学长舍堂导师和苑舍学生委员会也会根据不同的节日对这些公共空间、设施进行装饰，让宿生在紧张的学习环境中，也能感受到节日的气氛。

在舍堂生活里，宿生与舍堂公共设施有着相辅相成的关系，公共设施的设立大大增添了宿生舍堂生活的乐趣，也是学习型社交圈的基础支撑。宿生在苑舍的大家庭里，既能学习如何真正做到独立，也可拓宽眼界和见识，向全人发展。

第二节 UIC 学生事务管理的特点分析

一、社区营造

从 UIC 苑舍文化以及学习型社交圈的社区生活出发，持续以苑舍为单位的集体行动来处理宿生面对社区的共同生活议题，解决问题的同时也创造共同的苑舍文化，在潜移默化间宿生彼此之间，以及宿生与苑舍环境之间建立起紧密的社会联系。

在 UIC 社区营造让学生学会学习的四大支柱，即重塑教育的基本原则：

（1）学会求知：激发宿生在社区生活的求知欲望，为更好地了解世界及其复杂面提供所需的认知工具，为未来学习打下基础。

（2）学会做事：培养能够使宿生有效参与社区和社会活动所需的解决问题及完成任务的能力。

（3）学会共处：提供能够使每个宿生最大限度地开发社会心理、情感以及生理潜能的自我分析技能和社会技能,最终使每个人成为全面发展的人。

(4)学会做人:让每个宿生了解在社会各层面和各种人际关系中均会涉及人权、民主、文化理解与尊重和平等价值等,促使个体和社会处于和平与和谐之中。

社区营造以及实际地参与其中,对于现代中国独生子女来说是很重要的体验。在每个家庭只有一个孩子的背景下,很多学生在成长过程中,都是家庭的重点关注对象,而普遍来看,这种关注容易让孩子养成以自我为中心的习惯,而这在学生生活,特别是与人的相处和合作中,容易带来许多摩擦。在UIC,我们有意将学生按不同地域不同专业编排宿舍,在小范围内,两人、三人或四人共分享一个房间,共同生活,这对学生来说是很难得的可以突破自己,与别人建立新的关系的机会。从大的范围来看,一个苑舍就像一个大家庭,提供交流和多元学习的机会。我们希望社区生活能帮助学生更加成熟而自信地进入人生下一阶段。

二、UIC 苑舍活动的特点

(一)UIC 苑舍活动的主办角色

通过上文的角色介绍,我们不难看出,要更好地维系苑舍里各个角色的关系,建立理想的学习型社交圈,最直接有效的方法之一就是通过各种活动的开展来增加彼此的交流。在学生学习型社区发展的过程中,不同的成员根据自己自身的长处及所处位置来组织或主办不同的活动,以促进不同年级、专业的学生之间有更多的交流,使不同学生的生活圈子产生更多的交集,容许师生之间有不同的兴趣爱好及各自发挥是舍堂文化多元化的策略。

以下将对不同成员主办的部分活动做简单的介绍。

1. 学长舍堂导师、苑舍学生委员会

由于学长舍堂导师和苑舍学生委员会均为在校学生,能深切了解当代大学生的兴趣及所处环境的时事与流行事物,所以其主办的活动更贴近学生的生活及紧跟潮流,不会脱节,能吸引大部分学生的注意力。

学长舍堂导师和苑舍学生委员会主办的活动形式多样,如考试期间的正能量派发、最美宿舍评比、各种手工类作坊活动、联谊、分享会、节日庆祝活动等。活动的参与方式也比较灵活,学生在闲暇时间报名及参与即可,此类活动能渗透到学生学习和生活的各个方面。

2. 舍堂主任

舍堂主任每年均会主办大一及大四的苑舍日论坛,增加学生与校长、学部院长、系主任之间的交流;在全校范围举办苑际达人赛(分别为设计比赛、跳大绳比赛、涂鸦比赛及歌词唱作比赛），促进不同年级、专业及学生之间有更多的互动，促进不同学生圈子能有更多的交往及融合。

3. 舍监

舍监是苑舍的精神领袖，可引导苑舍精神的发展方向，会与舍堂主任、苑舍学生委员会一起举办苑舍晚宴及苑舍导修活动，活动的主题及嘉宾由舍监根据其所在的苑舍特色文化决定。

（二）UIC 大型苑舍活动

以下将简单介绍两个大型全校性活动。

1. 元宵晚会

元宵节，是春节之后的第一个重要节日，也是春节的重要组成部分之一，它蕴含着喜庆热烈的民俗意蕴和团圆浪漫的文化内涵，是深受我国人民喜爱的传统节日。

每年的元宵佳节，学生事务处和苑舍学生委员会都会共同主办欢庆晚会，让 UIC 师生共聚一堂，欢度佳节，深切感受 UIC 这个大家庭的凝聚力，也为苑舍文化的建设及学习型社交圈的建立添砖加瓦。

UIC 元宵晚会包含了富有传统文化意蕴的"UI 狮慈善杯"、精彩纷呈的节目表演和丰富多样的摊位游戏三个部分。三个部分共筑一个主题——元宵，让师生在元宵佳节之际感受 UIC 大家庭的温暖与欢乐，更好地融入 UIC 的学习与生活。

"UI 狮慈善杯"是 UIC 的传统，每年春季开学时在各苑舍通过醒狮祈福的形式向学生教师筹集善款帮助弱势人群，培养学生的社会责任感和慈善精神。在元宵晚会的当天中午 UIC 醒狮队分别在八个苑舍献上精彩纷呈的采青表演，苑舍舍监和宿生也一同参与其中。苑舍醒狮祈福是将生活与艺术融合在一起，在送祝福的同时，也号召师生发扬慈善精神，传递爱心。与此同时，元宵晚会上为捐款最多的苑舍颁发"UI 狮慈善杯"奖杯。"UI 狮慈善杯"意义非凡，其已成为 UIC 苑舍文化的传统项目，成为贯彻 UIC 博雅教育及全人教育理念的传统活动。醒狮祈福也展现了中国传统文化独特的魅力，鼓励师生更加积极参与中华民族的传统文化活动，传承和弘扬中华民族的传统文化，从而充分发挥中华传统文化在育人中的独特作用，进一步推进苑舍文化及学习型社交圈的建设。

元宵晚会的节目由兴趣社团、专业协会、学生会和个人表演等组成，其中社团参与表演所占比重较大。UIC 兴趣社团的数量和种类众多，开创了 UIC 特有的社团文化，成为每年元宵晚会节目表演的主力军，为元宵晚会的表演增添了一抹亮色。每年的元宵晚会都有不同的社团参与表演，让师生更加了解 UIC 的社团文化与才艺风采，从而更积极地参与进丰富多彩的校园活动中去，不断培养兴趣爱好，扩大求知领域，丰富精神世界，更好地与 UIC 学习生活相交融。元宵晚会的社团参与也成为苑舍文化及学习型社交圈建设的重要组成部分。

元宵节是中国最重要的民俗节日之一，元宵晚会也已成为 UIC 的苑舍文化传统项目，成为贯彻 UIC 博雅教育及全人教育理念的重要力量，也是苑舍文化建设及学习型社交圈建立的重要组成部分。

2. 苑际达人赛

苑际达人赛周期为一个学年，由四个不同的单个比赛组成，分别是设计比赛、跳大绳比赛、"奋发涂墙"涂鸦比赛和歌词唱作比赛。每个比赛都会先进行苑舍内部选拔，选出最优秀的参赛者代表苑舍进行进入苑际决赛，每年通过四个比赛的成绩对八个苑舍进行积分排名，总分最高的苑舍为当年苑际达人赛冠军。

（1）设计比赛要求参赛者以自身苑舍文化为中心来设计，每年根据实际情况设计不同的项目内容。借此比赛，对内可获得学生对苑舍的认同感与归属感，增强苑舍的凝聚力，对外可树立苑舍的整体形象，宣扬各自苑舍的文化特色，从而获得内、外的认同。

（2）跳大绳比赛的前身是毽球比赛。经过了几届的苑际达人赛实践，综合学生的参与程度、技能难易程度等多个方面的考虑，认为跳大绳更能调动学生的热情，最后决定跳大绳比赛代替毽球比赛。学生以苑舍为单位作为参赛队伍，进行逐个赛、累计赛及团体赛，最后三个项目得分相加分数的高低决定当次比赛的排名，最后排名计算得分计入年度苑际达人赛的积分中。跳大绳比赛的设立意在鼓励同学积极参与体育运动，强身健体的同时也可以丰富其团队协作的体验。

（3）"奋发涂墙"涂鸦比赛与设计比赛相同的是都需要以苑舍文化为中心来设计、以苑舍元素为基础，不同的是设计比赛学生可以单人参加比赛，但涂鸦比赛需要以 4—8 个学生为小组来报名参赛，更加体现学生团队合作的能力。涂鸦比赛让学生通过合作完成艺术创作，并以涂墙或制作巨型画布的形式进行展示，意义非凡。

（4）歌词唱作比赛是让学生展示"歌词唱作"才艺的一项比赛。这不仅给学生提供一个展示才艺的舞台，同时也是建立丰富多彩的苑舍文化、团结精神和苑舍归属感的一个契机。歌词唱作比赛旨在鼓励同学们关注苑舍生活、推广苑舍文娱活动。

苑际达人赛是由学生事务处主办，所有参赛者均是苑舍内的学生，学长舍堂导师及苑舍学生委员会起主要推动作用，他们宣传并带动感兴趣的同学一起参加。四个单项比赛类型各异、有动有静，既注重学生个人的创意启发及独立思考，也注重学生的团队精神、服务型领袖能力的培养，希望学生能在富含苑舍特色的比赛中，认识志同道合的朋友，走出以年级、以专业、以宿舍来划分的单一社交圈，进一步扩大自己的生活圈。

三、活动满意度分析——以苑舍导修活动为例

2018年是建设学习型社区、推动苑舍文化的第七个年头，在苑舍文化建设方面我们虽积累了一定的经验，但也深感仍有许多不足之处有待完善。因此，在举办活动的同时，我们也准备了学生活动反馈表，及时收集学生对活动的反馈，而及时对反馈信息进行整理和量化分析，也是日后完善此类活动的重要参考。这里以"苑舍导修调查问卷"为例，将研究过程和发现做如下简介。

研究对象：参与苑舍导修的创雅苑、博雅苑、文雅苑的同学。共发放问卷109份，回收问卷99份，回收率90.8%；其中有效问卷99份，有效率为100%。在有效问卷中，创雅苑39份，占有效问卷数的39%；博雅苑25份，占有效问卷数的25%；文雅苑35份，占有效问卷数的35%。

研究方法："苑舍导修调查问卷"由两部分组成：第一部分为参与苑舍导修之后感受的描述性题项，共有6个封闭式问题，要求被调查对象根据选项单选或者多选；第二部分为开放式问题，要求被调查对象提出活动意见，也可以不作答。

调查结果：

（1）活动安排。

表5-1　活动安排

\multicolumn{3}{c}{1. 你觉得本次活动安排是否紧凑？}
选项	人数	百分比
非常好	36	36%
好	46	47%
一般	13	13%
有待提高	4	4%

47%的同学认为活动流程安排紧凑，36%的同学认为活动流程安排得非常好，剩下17%的同学认为活动流程安排得一般并且有待提高。

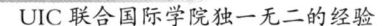

（2）期望嘉宾参与。

表5-2 期望嘉宾参与

2. 您希望邀请到哪些重要嘉宾出席本活动？（可多选）		
选 项	人 数	百分比
校级领导	39	39%
院级领导	14	14%
专业课老师	35	35%
校外嘉宾	32	32%
其他	2	2%

39%的同学希望邀请到校级领导出席活动，14%的同学希望院级领导出席活动，35%的同学希望有专业课老师出席活动；另，有32%的同学希望能邀请一些校外嘉宾出席活动；还有同学希望可以邀请学长或已毕业的校友出席活动。

（3）最喜欢的环节。

表5-3 最喜欢的环节

3. 本次活动，您最喜欢的环节是？（可多选）		
选 项	人 数	百分比
茶点环节	55	56%
抽奖环节	23	23%
自提环节	29	29%
嘉宾演讲与分享	39	39%

本次活动茶点环节受到56%的同学的喜爱，抽奖环节受到23%的同学的青睐，自由提问环节受到29%的同学的赞许，嘉宾演讲与分享也受到39%的同学的喜爱。

（4）应增加的内容。

表5-4 增加的内容

4. 您觉得还可以加入哪些环节或项目到活动中？		
选 项	人 数	百分比
加入一些艺术表演	31	31%
加入一些互动环节	65	66%
其他	3	3%

有 66% 的同学认为应该再加入更多的互动环节，31% 的同学认为应该加入一些艺术表演，还有的同学则认为加入个人经验分享会更好，另有同学希望可以加入一些游戏环节。

（5）活动受欢迎度。

表 5-5　活动受欢迎度调查

\multicolumn{3}{c}{5. 您希望开展更多类似苑舍导修的活动吗？}
选项	人数	百分比
一般	12	12%
希望	55	56%
非常希望	32	32%

有 56% 的同学希望开展更多类似的活动，32% 的同学非常希望开展更多类似苑舍导修的活动，还有 12% 的同学则对参与此类活动的兴趣一般。

（6）活动评价。

表 5-6　活动评价

\multicolumn{3}{c}{6. 最后，您对本次苑舍导修的总体评价是？}
选项	人数	百分比
有待提高	5	5%
好	48	49%
非常好	46	46%

49% 的同学认为此次活动办得好，46% 的同学认为此次活动办得非常好，剩下的 5% 的同学认为活动水平还有待提高。

四、UIC 苑舍活动的不足

通过举办苑舍活动可以强化学生间的沟通交流，培养苑舍归属感，但学生毕竟以学习为主，尤其是我校学业繁重，如何能吸引学生来参加苑舍活动，也是我们需要思考的问题。

苑舍是"第二课堂"，我们希望"第二课堂"可以让学生能够学习到课本以外的知识，然而我们的苑舍活动仍存在着一些不足之处，主要反映在以下几个方面。

（一）偏文娱化，学术类不足

就目前的情况看，各类苑舍活动涉及学术或与课业相关的明显偏少，例如学术性讲座、研讨会等，大部分活动基本与学术无关。无论是苑舍学生委员会、学长舍堂导师，还是舍堂主任所举行的活动，主要还是以文娱为主，虽然能够让学生在紧张的学习之余得到放松的机会，体验轻松的住宿氛围，却忽略了非常重要的一个方面：宿舍不仅仅是提供住宿的地方，同时也是学习的地方。学习不只是阅读书本上的知识，更应该是人与人思想的交流和碰撞。尤其是，各苑舍舍监以及舍监助理都是专业博士、资深教授或各学部、行政部门的佼佼者，我们应充分发挥他们的角色作用，为学生提供茶话会或者学术类讲座等，促进彼此之间的交流。另外，学生里也不乏学霸，我们更可以组织这些成绩优异的学生为宿生提供学习辅导的相关活动。

（二）学生参与度不高

在时间上，UIC 学生在校学习时间紧张，除了要修读专业课程和通识教育课程，还需参加全人教育课程，而这些课程是计入学分的。对于苑舍活动，难免有学生会将课堂外的所有时间都用来学习或者操心如何获得更高的平均学分绩点（CGPA），错误地认为参加这类活动是浪费时间。根据过往苑舍学生委员会和学长舍堂导师组织的楼层活动反馈显示，一个楼层近 50 名宿生，而参加的人数在 15—24 之间，即表明近一半的宿生没有参与到活动中。而在过往的苑际达人赛中，也会出现部分苑舍参与人数不足的情况。在组织活动时，可以增设参加活动的积分或其他奖励，鼓励学生积极参加苑舍活动，让学生可以做到"该学习的时候，努力学习；该玩的时候，痛快地玩耍"，确保身体状况和心理状态保持和谐并处于平衡状态中。

（三）宣传苑舍活动力度不够

在一般情况下，活动举办前一周筹备人员会开始在苑舍中进行活动宣传。宣传的形式通常有微信推送、邮件宣传、张贴海报、学长舍堂导师走访等。每个苑舍都会有属于自己的微信公众号，但也有苑舍拥有几个公众号的情况。公众号不唯一的情况导致关注的学生人数分散，不能及时获取活动的最新消息。邮件和海报可以推广活动宣传，但学生会因时间有限或没有注意到活动消息而错过。根据过往的经验，通过学长舍堂导师走访来宣传活动的效果显著，宿生与学长舍堂导师面对面的交流可以直接获取更加多的信息，通过参与活动拓展自身的兴趣和知识面。建议在宣传时可增设统一的微信官方推送号，方便宿生了解最新的舍堂活动消息以及不同活动之间的对比。

（四）学生对苑舍文化的认同有限

2011 年，我校把学生宿舍组分成五个苑舍，目的是想使学生宿舍的管理更加完善化，并通过学生宿舍把大学"多元教育"的观念实践起来。我们设计了一系列"苑际达人赛"项目，有涂鸦墙比赛、苑际 logo 设计比赛等，并在每一项赛事的背后都注入了一定的教育意义、文化内涵和强化学生对软实力认知的重要性。但对每个苑舍独特的文化，学生的了解却是少之又少。在建立属于每个苑舍独有文化的时候，应对每个苑舍的建立有一个清晰的定位，例如含义、标语、所属领域等，增强宿生对自身苑舍文化的了解以及认同感和归属感，亦便于宣传苑舍文化，从而增强学生的多元学习兴趣以及启发学生的创意。

从上文所举的一些例子可以看出，UIC 对打造"第二课堂"的教育的重视程度和所付出的努力。作为一所博雅型大学，对 UIC 来说以上这些活动都是十分重要的。UIC 的基本教育理念是，贯彻落实博雅教育所推崇的全人教育的理想。我们相信，苑舍教育文化的建立，还可以为丰富全人教育的内涵增添更多的创造力。针对目前苑舍活动中存在的一些问题，我们要结合全人教育的理念，建立一套完整和具有特色的舍堂小社区教育文化体系，让学生可以更全面地发掘自身的潜能以及锻炼自主能力，从而更有效地调动他们的冲劲和活力。相信再过几年，我们可以把"第二课堂"建设得更好。

五、未来发展方向

我们 UIC 的校训是"博文雅志，真知笃行"，通过 UIC 的博雅教育，学生除了拥有扎实的专业基础，亦能够汲取不同领域的知识；而全人教育旨在培育学生的内在自我，使他们在生活中持续精进发展，为改善社会与世界做出贡献。

全人教育（简称"WPE"），又称全面教育，关注每个学生的智力、道德、体能、社交、情感、审美和精神潜质的提升。旨在帮助学生塑造性格、广泛学习社会知识及技能，养成独立思考和解决个人问题的习惯、形成崇高的道德意识和社会意识。

UIC 的愿景是致力于为中国和世界创造出一种博雅教育新模式，与此相一致，全人教育办公室旨在在体验式学习方法上，创造出一种高效的、可评估和可复制的全人教育模式。

学生从踏入 UIC 校园那天开始，从宿舍分配到适应大学生活再到人格的培养，就已经进入了一个全新的模式中。

UIC 的宿舍管理一致倡导"它不仅仅是一个休息的场所，更是生活的大课堂"，推行博雅教育及全人教育理念，建立终身学习型社区，因此从宿舍编排的时候就已经打破了传统模式，不同专业或者不同年级、不同地域的同学分配在一起，从宿舍的融合开始培养学生跨入大学后的沟通表达能力，专业不同可以相互拓宽知识面。UIC 以开放接纳、独立探求知识的精神，使学

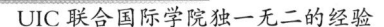

生贯彻终身学习的理念。

在舍堂的硬件设施上，每层楼都有公共空间，学生可以在闲暇之余与同学一起在这里做饭体验"家"的感觉。每栋楼都配有自习室，大堂都有公共讨论区。

综上，UIC的舍堂建设需要不断增加新的内容，增加新的动力，需要师生提高参与度和积极性，开展各项文化活动。教育是关乎生命成长的大事，事关个人命运与国家的未来。UIC秉持博雅和全人教育的理念，十年如一日兢兢业业，千方百计地为学生营造优良的学习成长环境，与其说"管理学生"，不如说是"师生关爱"，关注学生的成长。UIC从学生的日常起居开始关注，关注其刚到学校的茫然，关注其学业是否跟得上，关注其情绪与精神状态是否健康，关注其人际关系是否融洽，从软件和硬件配备上全方位地考虑学生发展，以此来凸显全人教育的教育理念，从而建立一个完美的以全人教育为核心的学习型社交圈。

大学不仅是传授知识的课堂，还必须是交流思想、表达情感、启发智力和实践所学的场所。高校的学习型社区正好完美地契合了这种思想，是课堂的补充。设立高校学习型社交圈，对我国整体素质教育水平的提高有着重要的示范作用，跟国际接轨，与时代并进，不仅要提高我国作为一个教育大国在世界各国中的地位，更要将教育大国建设成为教育强国，为我国教育事业的发展提供支持与帮助。

波伊尔在《基础学校——一个学习化的社区大家庭》中提出："一所运行良好的学校最基本的一个要素——一种能使师生凝聚到一起的一种力量，用一个简单的词语概括就是'联系'。"建立学习型社交圈，就是让学生在宿舍这个社区相互交流，相互学习，通过学习交流学会关心和尊重，有利于树立正确的人生观、世界观和价值观。

第六章 预防胜于处理——学生守规的社区教育

第一节 引 言

　　学校法治教育的一个重要问题是对学生的处分，轻微者违反校规校纪，严重者则触犯法律法规，故防患于未然是很有必要的。UIC 是首家中国内地与香港高等教育界合作创办的大学，致力于创建内地首家博雅大学，培育国际精英人才。UIC 作为国家高等教育多元化的试验田，有很多方面需要自己突破和创新，特别是在处理学生违规违纪方面。在本章，我们将通过举例讨论 UIC 如何根据校规校纪来预防学生的违纪行为以及对应处理的管理机制，而且也会讨论在 UIC 制度与内地文化存在差异的情况下，如何做到让 UIC 制度适应内地教育情况的同时又能倡导博雅教育，这对探索出一套适用于国内各高校的本土化预防及处理学生违规行为的机制，有着指导意义。

第二节　UIC 预防及处理学生违纪的机制

　　随着学生事务类工作越来越标准化、国际化，UIC 作为首家中国内地与香港高等教育界合作创办的大学，学生违规违纪方面的做法有别于国内高校，相应的处理违纪行为的机制具有参考性，同时也存在一些可以完善的地方。

　　UIC 采用苑舍管理框架进行学生日常行为的管理，抛开国内传统的学院、专业、班级的构架，以苑舍为平台，在舍堂文化的作用下，开展一系列学生管理工作，除了教学以"小班"为单位外，学生的事务均以苑舍（学生宿舍）为单位开展。培养学生的社区意识，学生宿舍不再是宿舍，而是苑舍，形成社区邻里间待人接物的一种状态，与生硬的按班级、按专业分配宿舍有明显的不同，但更能增添学生的归属感。

一、舍堂文化在学生违纪行为方面的作用

　　20 世纪 60 年代，美国学生事务管理专家穆勒提出了学生宿舍管理的四

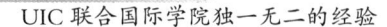

个基本目标：一是为学生提供更为舒适的休息环境；二是为学生提供学术交流的场所；三是引导学生形成良好的道德行为修养；四是引导学生形成社区意识，关注公共生活空间。

UIC 倡导全人教育，并贯彻在学生的宿舍生活管理中，与穆勒提出的四个基本目标不谋而合。"Hall"文化（或"苑舍"文化，或"College"文化，或"House"文化）起源于英国著名学府剑桥和牛津大学，这是一种历史较为悠久的大学宿舍文化；之后其他国家的部分大学也多采用类似的做法。"Hall"区别于一般宿舍的概念，UIC"Hall"内的宿生并不以系或者专业划分楼层，每层的居住者均来自不同专业。每个"Hall"都有其不同的风格，学生在参与、组织"Hall"活动的过程中，不仅可以锻炼领导力，而且同时能够培养团队意识。它既是一个居住的地方，也是一个学校文化创建的地方，是大学教育不可或缺的组成部分之一。

"Hall"内均由来自学部的教授担任每个"Hall"的舍监，提升整个苑舍的精神文化格调；而"Hall"下分设的每个楼栋内均有一位舍堂主任（由学生事务处职员担任，类似于普通高校的学生辅导员）管理每个苑舍，并且舍堂主任将会住在所管理的楼栋，因此能够更近距离地了解学生的日常学习和生活情况，更方便地与学生沟通交流；而且，学生事务处也聘请了高年级的学生担任每个苑舍的学长舍堂导师（统称"学长"），一起参与建设苑舍文化，苑舍在每个学期均会举办各具特色的小型活动，让学生的苑舍生活更加多元化。另外，每个苑舍也有各自苑舍的苑舍学生委员会，每个苑舍学生委员会由主席、副主席、财务和干事组成，每个学期会组织举办苑舍学生委员会的活动。苑舍管理架构图如下：

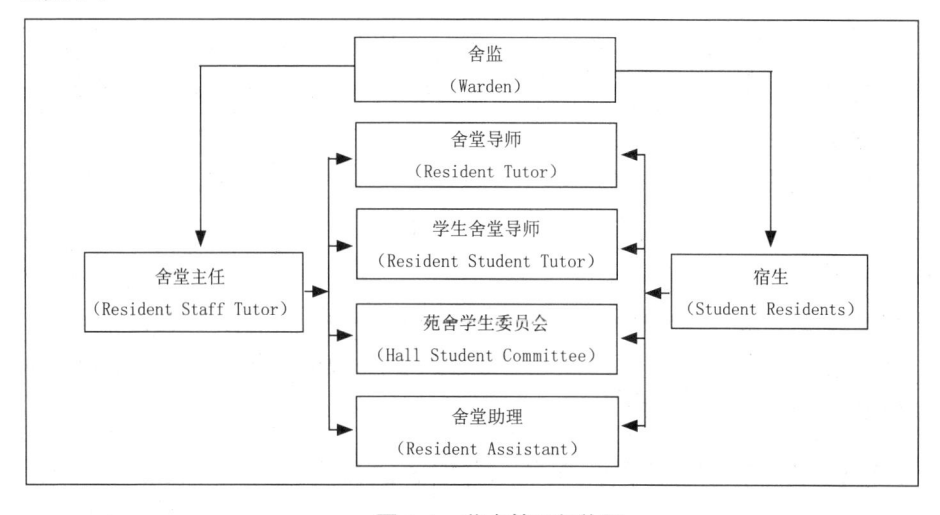

图 6-1　苑舍管理架构图

UIC学生违纪行为主要包括两个方面,一个方面是学习方面的违纪,比如说考试作弊、抄袭论文等,由教务处负责;另一个方面是学生事务方面的,主要是学生在日常生活中的一些违规违纪行为,这部分由学生事务处负责。本章重点讨论学生在日常生活中的违规违纪行为。UIC学生日常行为的规范,主要是以苑舍(学生宿舍)为单位展开管理的。

二、违纪行为的跟进及处理程序

高校学生的违纪行为时有发生,似乎不可能杜绝,但是可以通过各种行之有效的方法,减少违纪事件的发生,在此列举四种比较普遍的违纪行为,并介绍UIC应对此类违纪行为的跟进及处理程序。

(一)违规使用电器

学生宿舍违规使用电器现象屡禁不止,违规使用大功率电器,加上缺乏安全意识和习惯,易造成安全隐患,引发消防事故,危及学生生命财产安全。案例一:2015年4月,一名学生的宿舍阳台发生明火,学校工作人员及时发现扑灭才未发生严重的财产损失及人员伤亡。事后调查起火原因,该宿舍同学在阳台私养乌龟,而宠物箱下的发热垫因该宿舍同学离校前未拔掉电源而短路起火。案例二:2017年12月,一名学生使用电饭锅不当导致起火,现场烟雾弥漫。所幸另一同学扑救及时,未造成人员伤害。所以加强高校宿舍违规使用电器管理,已成为高校学生事务处日常工作中一个现实及紧迫的问题。

为了学生的生命财产安全,学校每学期将不定期组织学生事务处、舍监、保卫处及物业管理处,对所有宿舍逐间进行违规电器检查。检查期间,如宿舍没有人或者拒绝开门,将由物业人员使用备用钥匙开门进内检查,根据《联合国际学院学生宿舍管理细则》第十二条、房间巡查——为维持宿舍秩序,学生事务处老师、各舍堂主任及相关学校管理人员,根据学校规定,可在宿舍进行巡视、检查。一经发现宿舍内有违规电器,将即时收缴(符合使用要求的电器,需前往学生事务处签署《宿舍电器使用安全协议》后方可使用,对未签署安全协议的,视同违规使用,一并收缴),学生事务处暂为保管,寒假前学生凭《违规电器收缴通知单》到学生事务处领取,具体时间另行通知,如不领取,学校将统一处理。涉及的同学也将受到纪律处理,并记录在案。所有检查行为都是有章可依的,旨在确保执行的顺利开展。

违规电器的检查只是扬汤止沸的权宜之计,对违规电器的安全管理要堵疏结合。根据历年收缴的学生宿舍违规电器种类统计,90%以上的违规电器是生活类厨具,例如:电磁炉、电饭锅、电炒锅。作为学校学生事务管理方,一方面既要考虑学生日常生活所需，另一方面也要考虑用电安全，所以学校在学生宿舍的每一楼层设置 1 到 2 间公共空间，每个公共空间配备简单厨具，包括电磁炉、微波炉、冰箱、直饮水机、橱柜等，24 小时开放供学生使用，在很大程度上减少了学生在宿舍内私自使用违规电器的次数。除了硬件上面的完善，日常用电消防安全知识宣传也必不可少，让同学既遵守禁用违规电器的宿舍管理规定，也学习相关消防知识，共同维护居住家园。

如果说检查是堵漏，则宣传教育是心理上的疏导，硬件服务是环境上的疏导，要两手一起抓。高校管理人员必须清醒地认识到安全管理任重而道远，杜绝使用违规电器不可能一蹴而就。要以学生为本，不断发现问题，改变管理模式，在持续完善基础设施的同时，服务水平也需要与时俱进，所以将来的服务场所也许会化整为零、形式多变地进入学生宿舍，更加会借助万物互联的便利，为现代学院学子创造和谐安定的温馨环境。

（二）校园盗窃

2017 年 4 月，学生宿舍楼栋助理处陆续接到学生投诉说自己的衣服或者鞋子丢失，共计 16 宗（衣服 14 宗、雨伞 1 宗、鞋子 1 宗），该楼栋每个楼层均有涉及，学生事务处和保卫处非常重视。后经过查看大量监控视频，发现有一女生拿着空袋子进入每层楼的洗衣房及晾衣间偷拿衣物，经核实，锁定作案同学。作案同学的所作所为已经超出一般的盗窃行为，经过学校心理辅导处的诊断，判断该同学有偷窃癖。

偷窃癖属于意志控制障碍范畴的精神障碍。其表现是反复出现的、无法自制的偷窃行为，虽屡遭惩罚而难于改正。这种偷窃不是为了谋取经济利益，也不具有其他明确目的（如挟嫌报复、劫富济贫，或引人注意等），纯粹是出于无法抗拒的内心冲动，据此可与一般偷窃行为相区别。虽然与一般的校园偷窃行为有区别，但造成的影响都是相似的。

学生事务处的心理辅导老师多次对作案同学进行心理方面的辅导。作案同学无视校规校纪，情节严重，学生纪律委员会判处该生休学一年，何时复学要视该同学的恢复状况而定。

高校学生宿舍是大学生居住、休息、学习、进行课外活动和人际交往的综合性场所，也是学生的钱、财、物等生活与学习用品的存放处，学生宿舍安全与否与发生盗窃案件的概率多少有着密切联系。近年来，高校学生宿舍的盗窃发生率呈逐年上升趋势，对学生的切身利益造成了严重损害。就校园内发生的盗窃而言，盗窃人员主要以青年人为主。盗窃的动机除了非法占用他人财物为目的外，我们更应关注因心理疾病诱发的病态盗窃行为。高等院校的学生基本都是成年人，有独立判断能力，正是因为情况比较特殊，不能以罚代教，要以教育为主，通过专业心理辅导员给予心理疏导及治疗，给予学生更多的关怀。

UIC 较少发生校外人员作案的盗窃个案，归功于校园内严密的安防监控系统以及安保人员的24小时巡查，还有各宿舍楼栋的安防门禁系统以及24小时在楼栋大堂上班的舍堂助理，人员与设备的紧密配合，为校园的安全保驾护航。

（三）校园打架

打架斗殴是严重的违规行为，在大学生的犯罪案件类型中，是仅次于盗窃犯罪的第二大类案件。大学本科生一般处于18—22周岁之间，这个年龄段的学生正处在身心发展期，自我调控意识和能力偏低，在打架斗殴事件中，因友情意气用事、因感情争风吃醋、因醉酒丧失理智、因作息时间不一致造成矛盾占了相当大的比例。学校对于此类违规行为，援引《联合国际学院学生纪律处分条例》中的第5条，视情节轻重给予由严重书面警告到开除学籍不等的纪律处分。下面我们将通过具体案例的介绍，来了解打架行为的跟进及处理流程。

D 和 H 同学是同住二人间的室友。D 经常在晚上 12 点左右睡觉，而 H 爱玩游戏到很晚且发出较大声音。因为作息时间的不同，两位同学时常发生口角，H 对此表现得很不耐烦并且威胁要打 D 同学。某日凌晨 1 点，因为 D 同学开着灯影响到 H 同学就寝，两人发生争执，H 同学没忍住动手打了 D 同学，致 D 同学右眼角红肿。舍堂助理联系了学生事务处热线同事 S 前往处理。H 同学承认了自己处理问题过于冲动，并和 S 同事陪同 D 同学前往医院检查及治疗。检查结果显示，D 同学颌下面部损伤及脑震荡，眼角进行了缝合手术处理。

负责涉案学生的舍堂主任 X 分别约两位同学面谈。H 同学再次承认了自己的错误，表示近期不会再与 D 同学发生冲突。其家长也致电称愿意配合学校的调查和处理，并赔偿对方的损失。为了安抚 D 同学情绪及规避矛盾隐患，H 同学被安排到另一间宿舍入住。根据 X 同事的面谈反馈，学生违规行为专员 R 与学校保卫处处长 T 又相继与两位同学面谈并详细地记录了个案报告。考虑到打架行为的严重性，该报告将提交学生纪律委员会研究及裁定，最终由教务议会审核通过并给予处分决定。该学期期末，校方依据学生纪律处分条例第 5 条第二款"违反《中华人民共和国治安管理处罚条例》，应给予记过以上处分"，给予 H 同学记过一次处分并完成 50 个小时的校园服务令，并责令 H 同学在收到处分决定的 7 日之内向 D 同学写一封书面道歉信。H 同学对该处分决定没有异议，未提出申诉。

另外，关于打架事件的民事赔偿部分，由于双方家长沟通后就赔偿金额一直未达成一致，校方由学生违规专员 R 与学校保卫处处长 T 居中做协调，最终说服两位同学谈妥了赔偿金并签署学生矛盾调解协议书，该个案告一段落。

对于打架斗殴这类严重的违规行为，学校由学生事务处/保卫处、学生纪律委员会及教务议会三个层级进行逐级处理，并有明确的校规条例及学生申诉机制做保障，整个处理流程相当严肃及慎重，充分体现了我校的依法治校、程序正义及对学生个人权益的尊重。而对于未有明文规定的民事赔偿部分，校方恪守调解人角色不过多介入，交予当事人甚至公安机关来处理，也是对法治精神的贯彻。

（四）晚归

晚归是指学生未经学校批准，在学校规定的时间段内没有按时回校，归寝时间超过了学校所规定的门禁时间。高校普遍存在学生晚归问题，防止学生在校外出现意外事故现已成为高校管理的重要工作内容之一。晚归带来的安全隐患，已经引起各高校学生事务部门的高度重视。规范宿舍管理，加强对学生行为的引导和管理，加强对学生的安全教育，增强宿舍育人功能，给予人文关怀，保障学生人身安全对减少晚归有重要意义。

UIC 学生晚归原因大致分三种：（1）参加个人和社团学生组织的娱乐活动；（2）学业需要，例如做实验、夜间拍摄作业等；（3）不可抗力因素。开学伊始和寒暑假之初是晚归的高峰期。社团等学生组织招新带来的各种消遣娱乐活动会导致大批学生集体出现晚归。其次每年期末考试结束，不少学生结伴外出游玩缺乏约束和自控力而导致晚归。以上此类学生自我防范意识薄弱，轻视学校的规章制度。朋辈导师没有正确引导新生，更有甚者将错误的思想灌输给新生。UIC 部分专业学生由于课程老师布置的作业有外出拍摄夜景以及剪片需要而晚归，此情况经任课老师审核后提交表格至学生事务处可申请撤销。以上此类学生需要加强对时间的管理，合理安排作业分工，避免因同类情况再次出现晚归。不可抗力因素是指，节假日出行返校途中飞机、大巴等交通工具晚点或身体不适，学生可提供机票、车票或病例申请撤销晚归。

高校对学生的入住、退宿及宿舍安全纪律、宿舍设施设备的保管和维修等都做了相应的要求，但缺乏对学生晚归的具体管理与教育，对学生晚归也没有相应的处罚条例。对于晚归的学生以口头教育为多，欠缺严格的惩罚措施。这就造成自制力不强的学生没有约束，很多学生没有意识到晚归的严重性，对晚归没有一个清醒的认识，在头脑中根本没有按时归寝的意识。

UIC 通过宿舍的门禁系统查询晚归学生名单，对不同次数的晚归有相对应的教育方式，将视乎情节轻重给予如下的处分：晚归一次：口头训诫；此类学生由舍堂主任打电话进行口头训诫。晚归两次：书面警告；此类学生由负责的舍堂主任联系该学生到学生事务处办公室领取晚归警告信。晚归三次：严重书面警告（包括书面通知家长）并履行校园服务令；此类学生需与舍监面谈，舍堂主任与舍监预约时间安排面谈训诫，面谈后舍堂主任提交该学生的面谈反馈表。晚归四次或以上：对此类学生舍堂主任会将名单提交给违规专员，约时间面见学生事务处总监和校长。届时将视学生的具体情况决定是否上报到学生纪律委员会。总体来说，教育的功能性作用比仅仅处罚更为有效，处罚只是一种手段，教育才是目的。

第三节 学生违纪行为处理机制本土化

本土化又称为本地化，是指将某一事物转换成符合本地特定要求的过程。本土化是显示各种异质多样性和特定情境要素的过程。学生违纪行为处理机制本土化的最佳效果是既能适应本地要求，又尽可能地保持学生违纪行为处理机制原有的特定情境含义。UIC 作为首家中国内地与香港高等教育界合作创办的大学，它的学生违纪行为处理机制就是一种本土化，将香港高校的违纪行为处理机制移植到国内。

一、UIC 学生违纪行为处理机制

关于处分违纪学生的权限、程序与管理，UIC 有精细的分工，不同部门、不同级别有不同的权限、程序及管理，避免了权力集中在某个人或者某些人的手上，让权力的执行更公平、更公正、更公开。详情如下：

（1）给予学生口头警告（书面备案）、书面警告、严重书面警告、记过处分，由所在苑舍的舍堂主任查证，经学生事务处建议，及学生纪律委员会主席同意后，由学生事务处备案。

（2）给予学生留校察看处分，由学生事务处、保卫处查证，提出初步处理意见，学生纪律委员会主席签署意见后上报给学生纪律委员会，由学生纪律委员会会议做出处分决定。

（3）给予学生开除学籍处分，学生事务处、保卫处等相应部门进行查

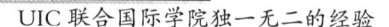

证，提出初步处理意见，由两个部门领导签署意见后上报，由学生纪律委员会做出处分决定。

（4）学校相关部门在其管辖范围内发现学生有违纪行为，应及时调查清楚，必要时报保卫处协助调查。对已调查清楚的学生违纪事件，将有关材料送交相应负责人进行违规违纪的处理。

（5）案情复杂或性质严重的学生违纪事件，直接交由公安机关负责调查，保卫处进行协助。

（6）对事实清楚的违纪案件，有关学生事务处、教务处、保卫处应在收到材料或接到通知后一个月内，做出处分决定或提出处理意见，逾期将由学生纪律委员会直接处理。

（7）在特殊情况下，纪律委员会主席有权授予学生事务处、教务处、保卫处对违纪者直接做出记过以下的处分决定。

（8）学生受到书面警告以上处分的，由相应部门及时将其处分决定、解除处分材料和有关材料存入文书档案，并将处分决定存入学生人事档案；学生受到口头警告（书面备案）处分的，由相应部门及时将其处分决定、解除处分材料和有关材料存入文书档案。

（9）留校察看以一年为限。受留校察看处分的学生，由学生所在学部或舍堂主任负责考察，在察看期间有悔改和进步表现者，可按期终止；有突出贡献者，经本人申请，做出处分决定的部门审核，学校批准，可提前终止（察看期不能少于六个月）；经教育不改或察看期间又犯错误者，给予开除学籍处分。对毕业班学生一般不给予留校察看处分。

（10）被开除学籍的学生，在处分决定做出后一周内办理离校手续。逾期不办，学校有权对其宿舍内的行李进行处理，相应的处理费用由该学生自付。其善后问题，按学籍管理或宿舍管理的有关规定处理。

UIC把《联合国际学院学生宿舍管理细则》和《联合国际学院学生违纪处分条例》作为本校学生的基本行为规范和判定学生违纪行为的基本依据，对于违纪事件的处理，则按照UIC学生纪律委员会所规定的程序和办法处理。《联合国际学院学生宿舍管理细则》和《联合国际学院学生违纪处分条例》是UIC的学生违纪行为管理的主体制度架构。

二、学生违纪行为管理机构和组织

UIC有分工明确而又相互合作的学生违纪管理的机构和组织，保证了学校学生违规违纪处理的有序运行。

（一）职能部门

UIC 学生事务处下设的学生学习型社区发展组（简称"社区组"）是学生违纪行为管理的专门机构。社区组的部分职责是教育学生遵守学校的规章制度，由各苑舍的舍堂主任及专职的违规专员组成，依据包括但不仅限于宿舍管理细则和违纪处分条例。每个舍堂主任管辖负责苑舍的学生，遇到学生举报或者日常走访时发现违规违纪行为，会进行初步的处理，对违纪学生进行批评指正，对于屡劝不改者，舍堂主任将以个案报告的形式上报学生事务处副处长、学生学习型社区发展组组长，视情况的严重性上报分管学生事务的副校长、学生事务总监，分管学生违纪的学生事务处助理处长、违规专员等同事。

（二）违规专员

违规专员为学生事务处专职负责学生违规工作的人员，通过宣传和督查达到防止学生违规违纪的目的，及时跟进处理违规个案并控制事态向良性发展，总结分析违规现象的特点，适时地提出完善的建议，确保宿舍管理有序进行。如遇较严重的违规个案，需与违规学生所属苑舍的舍堂主任一同面见违规学生；收集整理严重个案的证据与资料，并安排当事人与学生事务处助理处长、副处长或总监等上级面见；推动校规校纪制度的完善，每年推出有针对性的系列宣传活动；违规学生资料的归档与保密；结合资料、现行管理设施和制度，找出管理漏洞及提出完善建议；如违规学生涉及心理问题，需转介到心理辅导中心等。

（三）学生纪律委员会

学生纪律委员会主要由分管学生事务的副校长、学生事务总监、法律顾问、学部教授及代表等人员组成，会上讨论确认学生的违纪行为，评议该给予什么程度的处罚措施。在处理学生违纪案件的过程中，委员会成员始终保持中立的立场，为案件所涉及的人员提供尽可能多的帮助和支持，而不是徇私舞弊。

（四）学生申诉委员会

做出处分决定前，要给学生申诉的机会，允许学生本人申诉和保留意见，有权向学生申述委员会提出申诉，申诉期间，不停止处分决定的执行，申诉委员会认为有必要可暂缓执行处分决定。

（五）教务议会

教务议会是 UIC 最高管理级别的会议，会议上将讨论学校的重大事件，

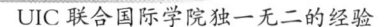

其中一项是讨论学生纪律委员会上报的违规违纪学生名单及材料，会议对最终给予违纪学生何种类别的处分有决定性的作用。

三、学生违纪行为处理程序

按照 UIC 学生违规违纪处分及学生纪律委员会的规定，学生违纪行为处理的程序见下图。

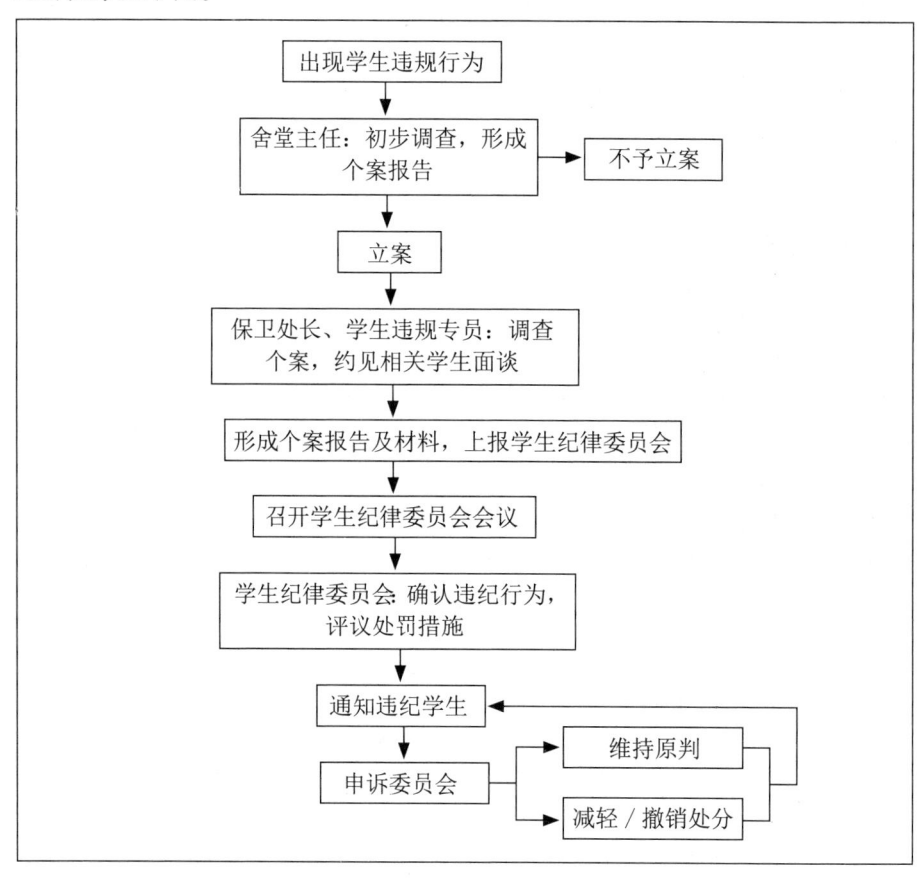

```
出现学生违规行为
      ↓
舍堂主任：初步调查，形成个案报告 → 不予立案
      ↓
     立案
      ↓
保卫处长、学生违规专员：调查个案，约见相关学生面谈
      ↓
形成个案报告及材料，上报学生纪律委员会
      ↓
召开学生纪律委员会会议
      ↓
学生纪律委员会 确认违纪行为，评议处罚措施
      ↓
通知违纪学生 ← ┐
      ↓        │
申诉委员会 → 维持原判 ┘
           → 减轻/撤销处分
```

图 6-2　学生违纪处理程序

四、学生违纪行为处理机制本土化的优劣势分析

本土化应该理解成一个过程而不是一个目的，是一个事物为了适应当前所处的环境而做的变化，通俗地说就是入乡随俗。在学习生涯中，学生在初高中时期以学习及高考为主要的目标或者是唯一的目标，在生活中有父母的照看，在学习解惑方面有老师的辅导。那么经过这些长时间的训练及培育为什么还会有部分学生无视大学的纪律而违反校纪校规呢？教育在最初的时候，本着"育人，兴邦，治国，齐家"的高尚理念。知识永远是人类发展中

不可或缺的一部分。从古代到现代，我们在生活中无不贯彻一种思想，有学识者必须懂得"礼义廉耻"。时至今日，我们高等院校的学生在学识及能力上面可以说是越来越多元化，那为什么在德智体美全面发展的知识的现代，我们却要重复最原始的一种教育——"规矩"呢？中国重视"规矩"是因为它代表秩序且可以让人们在"规矩"下不断思索与创新。

大学在学生违纪行为的管理方面，可分为两种道路：实效性与教育性。我们大学在管理机制方面十分健全，对于学生违纪的惩罚力度也按着规章制度按部就班，只是在实效性方面，我们可以感受到，行政处罚并没有以学生的恶劣程度为主要参照物。而是在一些违纪违规方面给学生留下"我是可以犯错的"印象，毕竟这并不影响自己在学校的就读，也不会有什么代价或后果。比如 UIC 一些处理晚归或不归现象以使学生强制性回校生活的纪律性措施。在大的方面确实利于大学生的身心健康，但若将其规定成"学生违纪"的一种，很多时候在操作上面，却是一种"行之无效"的初级管理。学生的思考往往不能从大局出发。在重复性的日常管理中，我们的管理条文及制度，很多时候无法与时俱进，甚至是严重滞后。学生的违规违纪行为明显是存在的，但处罚的措施及管理规章制度没有及时进行更新，威慑力大大减弱。我们在实践处理违纪违规本土化时，需要看到，它的劣势在于，没有根据学生群体性的表现来有针对性地修改规章，而是一直延续文字内容，不能与时俱进。

在优势方面，实践操作上省去了很多烦琐的程序，我们根据先前整理好的规章制度，以一刀切的方式来管理每一届学生，这样的好处在于可以提高行政工作的效率，减免听取学生的意见，收集意见，以及整理意见，讨论意见，再到最后的决定带来的时间的浪费及行政工作方面效率的低下。本身学生与学校之间的关系就是管理与被管理者的关系。在此基础上，"高校学生违纪处分条例"在实际上具备了行政行为的单方面意思表示及强制措施的行为。高校学生违纪处分条例，往往被大家认为仅是各高校依法制订的内部规章制度，对内部的成员及使用者都具有约束力，具有一定的强制性。只是高校学生违纪处分条例这样的规章条例并不是或并不具有法的全部属性，不属于法的范畴，只能作为学校进行内部管理的规章制度，并且在原则上不能与宪法、法律、法规、规章以及其他教育主管机关的规范性文件相抵触。而我们对学生单方面的行政处罚就自然不会征得被处分学生的同意或与其进行协商，是一种损益性的具体行政行为。

即便在违纪处理方面十分高效，但长此以往也会存在矛盾性及不可调和性。久而久之，与学生的关系会处于水与火对立不相容的状态中，也会引发后遗症。教育法于 1986 年制定，2006 年 6 月 29 日全国人大常委会审议通过

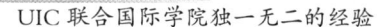

了新义务教育法，从 1961 年《高教六十条》的颁布开始，到 2005 年新的《普通高等学校学生管理规定》的出台，乃至 2017 年最新修改的《普通高等学校学生管理规定》（教育部第 41 号令），我们至今依然在学生权利义务与学校行政管理的权利义务方面没有一个十分明晰的界限，也无法完全做到"以人为本"，这是因为学校行政工作的复杂性，而不是学生的复杂性。学生往往对一个规章制度进行排斥，并不是因为他们故意挑衅，而是他们不能理解这个规章制度对于学生产生的意义，即便长远看来它是有益于学生身心健康及成长的规定。但是因为学生在经历或阅历方面都没有达到一定的全局观念及整体意识，所以他们有时候的考虑只是个人微观方面的思考，以满足自己的私欲，让自己的身心得到释放并感受愉悦。

在学生的违纪管理中，我们很难忽略学生的"群体表现性"而不断地完善或是更新违纪处理本土化中的缺失及考虑。尽管我们不喜欢教育市场化、学校商业化，但这一事实已经在冲击我们的教育价值观念，左右我们的教育模式。在德智体美全面发展的时期，学生对于知识的求索已经不限于书本知识。如何让他们在面对错误或失误时，做出怎样的选择。这种选择会付出什么代价，造成什么后果，才是我们对于学生违纪处理本土化不断完善及改进具有的未来优势。

第四节　校园法治文化建设

随着全球化、信息化的来临，中国也随着全球大形势不断地发展。正由于如此的大形势，依法治国的理念在大学生中如何有效推行，加强大学生法制教育尤为重要。而在众多研究中发现，大学生法制教育进程到了瓶颈期，部分大学生法律信仰普遍淡漠、法律知识较为欠缺、对违法犯罪问题认识相对片面。法制教育的方式单一枯燥化，造成大学生对法制教育现状的不满足。

一、以社区教育方式推行法规教育

北京师范大学－香港浸会大学联合国际学院是由北京师范大学和香港浸会大学于广东省珠海市携手创立的，首家中国内地与香港高等教育界合作创办的大学。

自 2005 年成立至今，UIC 已发展成为一所拥有独特教育理念的国际化大学——博雅卓越，培育全人，开放创新，发展四维。即以创新理念整合国内、国际教育资源；倡导并推行深具国际特色，又具本土文化特色的"全人教育"；通过吸纳中华古典及西方文化资源，倡导博雅教育；发展一个创新的包括"师、生、家、国"在内的"四维教育"模式来推动全人教育。故在校园法治文化建设领域，UIC 贯彻其教育理念，以创新、多元化及具有动感的手法来推动建设校园法治文化，以社区教育方式代替现在国内高校普遍采用的课程单一教育方式。

社区，是指居住在某一地域里的有一种认同感的人们所结成的多种社会关系、从事社会活动所构成的社会生活的共同体。其构成要素包括：一定数量的人（主体），一定的地域（载体），独特的文化和制度（标识），一定的凝聚力（认同感）与一套相对完备的设施（依托）。不同的社区组成，决定了不同的文化背景、生活习性等，这些对生活于该社区的人们的观念存在潜移默化的影响。

在 UIC 踏入第十四个年头之际，为全面加强全校学生纪律意识，提升 UIC 整体学风校风，自 2010 年 1 月至 3 月，学校学生事务处着手开展了"UIC 第一届校纪校规教育系列活动"，旨在通过这些活动规范学生在校行为，树立学生基本的法律意识，从而减少违规违法行为，创造良好校风。

二、以学生原创参与制作与设计的社区教育内容

第一届校纪校规教育系列活动包括：举办新生军训校纪校规讲座、开学日派发《校纪校规宣传》小册子、《小镇快讯》公布违规违纪学生名单、宿舍违规突击检查与学生原创"校园纪律 DV"等。

（1）1 月份新生军训校规校纪教育。特别邀请了保卫处助理处长对新生进行校纪校规及宿舍安全教育，让学生了解 UIC 的管理制度。

（2）学校学生事务处于寒假期间制作了《校纪校规宣传》小册子，并印制了 4000 份在开学报到日派发给全校学生。小册子摘录了 UIC 宿舍规则的重要内容，纪律处分的流程及步骤，并附带三例曾在 UIC 发生的真实违规案例，以及一例在其他高校发生的真实违规案例。《校纪校规宣传》小册子的制作及发行是期盼以真实案例结合现有规则告诫学生们要遵纪守法，远离危险。

（3）学校学生事务处编辑发行《小镇快讯》中，公布了自 2009 年 1 月至 12 月期间学生纪律委员会对违规同学的处理结果。小镇快讯以匿名、隐藏部分学号的形式公布处理结果。

（4）宿舍违规突击检查。学生事务处-学生学习型社区发展组的全体组员，外加学生事务处副处长、保卫处助理处长，一行 13 人，对宿舍区进行了违规突击检查。于当晚发现的违规个案按相关宿舍规定给予相应的处理。

（5）每学年的第二学期，在文化小镇（宿舍区）博雅小剧场播放 UIC

学生原创的"校园纪律DV"。这部DV是学生事务处邀请影视系同学拍摄制作的，我们希望运用本校的学部资源优势，以学生的眼光诠释宿舍规则。其中五十余位同学参与拍摄，数十名同学通宵达旦剪辑、制作。DV片长30多分钟，内容以夸张的形式表现宿舍违规，诙谐、幽默，但又不失稳重，调侃、讽刺，却又暗含真理，在播放当晚得到了到场学生的一致好评。凡参与此系列活动的同学均不同程度反映此类校纪校规教育活动脱离了枯燥的模式，更贴近学生生活，更为学生们所接受。在第一届顺利开展的基础上，2013年迎来了"UIC第四届校纪校规教育系列活动"。

三、在军训中融入法规教育

在第一届系列活动项目的基础上，学校学生事务处本着创新与多元化推动整个活动开展与更为学生所接受及了解整个活动的教育目的，除了对原有活动项目形式做出改变，还增加了派发宿舍规则书签等活动。

在新一届新生军训校规校纪教育活动中，我们改以展示3个真实违规案例，让学生以小组讨论形式分析个案并讨论出处理结果，然后再做报告。此番形式的改动更能让学生积极地思考分析个案、认识了解违规违法的严重性与熟悉宿舍规则。第二届校纪校规宣传DV继续由影视系同学担任编剧与拍摄，本届作品风格则是以轻松、幽默、温馨与感动见长。此次作品除了在宿舍区的小剧场播放以外，还上传到网上共享，以及在新生入学后新生课程上播放，得到了新老生的一致好评。

学校学生事务处除了在开学日派发《校纪校规宣传》小册子外，还设计了一系列有关宿舍规则的小书签并进行派发。书签的设计感强、与宿舍规则贴切度高，旨在深入学生生活中提醒宣传校规校纪。

四、以校园社区服务令替代单一惩罚模式（教育违规学生）

校园法治文化建设除了正面推动宣传教育，如何教育在校违纪违规的学生也是建设校园法治文化的重要一环。内地高校普遍采取根据学生违纪违规的严重程度给予留校察看、记过、休学与开除的惩罚模式。而UIC结合了内地与香港的惩罚模式，增加了校园社区服务令。违规学生除了需要受到档案记录上的处分外，更需要履行小时制的校园社区服务令。此项处分旨在令学生为同在一社区生活的人服务中，认识到他自身的行为对周边社区的同学的影响，从实际中意识到自己行为的错误，从而减少违规行为再发生的概率。

校园法治文化建设是一项任重而道远的工程，而成功并有效地建设推动更是艰巨。特别对于建校时间尚短的UIC来说，更需要一步一个脚印地踏实前进。在两届 UIC 校规校纪教育系列活动成功有效的开展下，继续贯彻博雅卓越，培育全人，开放创新，发展四维的独特国际教育理念，UIC 将脚踏实地，多元化地建设推动校园法治文化的建设，并将校规校纪教育系列活动的社区教育方式作为校园法治文化建设的基点，进行全方位的辐射教育推广。

第五节 总结与建议

经过对比分析，借鉴国外成效显著的学生违纪行为管理程序及方法，结合我国高校实际情况，从处理及预防两个角度，综合美国高校学生违纪处分对我国的启示，提出几点建议。

一、从处理的角度，学生违纪行为处理应着重以人为本

（一）违纪处理要依法管理

学生违规违纪的调查及处理部门不是权力机构，而是中立的服务机构。在处理学生违规违纪过程中，没有人可以越过国家的法律法规和学校的规章制度，一切以制度为准则，以事实为依据。在评议案件时，比照先前的个案来裁决，必须保持中立，力求实现对违纪学生处分的一致性和公正性，摆脱"人治"和"独裁"的弊端。

（二）尊重学生的隐私权

在处理违纪行为的时候，要尊重学生的隐私，切勿通过"违纪公示"的形式将违纪学生的信息公开，可以采用其他的形式来警示其他学生，将隐私曝光，没有意识到会伤害到违纪的学生。处罚学生的目的是让他认识到自己的错误，而不是通过他的错误来惩罚他自己，造成二次伤害，教育将会适得其反。

（三）处罚措施人性化

"教育"和"服务令"是 UIC 违纪处罚措施中最人性化、最具有积极教育意义的两种方式，违纪学生在接受教育后，执行服务令，在学习和劳动中从道德和伦理角度反思自己的行为，改过自新。通过服务他人，发现自身的价值，由个人价值驱动积极正面的行为，往正能量的方向靠拢。

（四）处罚措施的优化与变革

我国大部分普通高校的学生违纪处分仅有警告、严重警告、记过、留校察看、开除学籍五种。更有学校把学生行为上的违规违纪处分与学位的授予挂钩，是不符合教育的初衷的。建议各高校参考引进"教育"和"社区服务"

等处罚措施，调动社区和各方面的力量，加强对违纪学生的教育和关怀。

二、从预防的角度，学生违纪行为的预防胜于处理

（一）以教育为主旨

高校需要明确告知学生，什么是违纪行为，并设法让学生了解和学习如何防止或者避免违纪行为的发生。另外，要让学生了解"学习是很重要，但不是唯一"的观念，部分学生认为只要学习好，违规违纪无所谓，这是严重的错误意识。

（二）实现学生违纪管理由"行政本位"向"学生本位"的转变

我国大学对违纪学生的管理和处罚主要由行政主导。在处理学生违纪个案中，学生管理部门与学生之间完全是管理与被管理的关系，双方地位是不平等的。只有学生违纪管理由"行政本位"向"学生本位"的转变，才能以学生为主体，充分发挥学生的主观能动性。

（三）开展全方位的科学文化教育，帮助其健全人格，形成正确的世界观、人生观和价值观

对于高校学生来讲，文化是世界观、人生观、价值观得以正确树立的基础，是形成良好的心理、高尚的情操、健全的人格与强烈的社会责任心的基础，是在专业领域内具备更广泛的竞争力和创造力的基础。没有良好的科学文化素质，人的整体素质就不可能得到提高。通过文化知识学习、文化环境熏陶、文化活动锻炼以及人文精神感染，从而达到升华人格，提高境界，振奋精神，开阔视野，活跃思维的目的，可以为专业学习以及今后的发展奠定坚实的文化基础。

三、美国高校学生违纪处分对我国的启示

高校可以根据学校制定的规章制度对违纪的学生予以相应处分，但是要保证处分结果的公正，就必须遵循公平公正的处理程序，保障学生的权力不受侵害。在2017年最新修改的《普通高等学校学生管理规定》公布之后，各高校从自身实际情况出发对本校的规章制度进行了修订，但在实际操作过程中仍存在一些不足，可以借鉴与参考美国高校相关制度，从我国实情出发，进一步完善高校学生管理程序与规章制度。

（一）适度提高处理违纪行为的效率

国内高校的办学经费及学生管理人员的数量未能满足日益增长的高等教育入学人数的需求，学生管理工作的压力较大。严谨的学生违纪行为处理机

制需要付出更多的人力、财力和时间成本，管理效率自然低下。

我国各高校的学生违纪行为处理机制在具体操作时，可借鉴美国不同类型高校的不同做法，保留一定弹性，是否采用正式的裁决形式和完整的处分流程，是否引入听证环节，根据违纪个案的具体情况灵活处理，提高公平性和处理效率。

（二）从立法的角度逐步规范高校学生违纪行为的处理机制

我国高校学生违纪处分程序的法律背景与美国存在较大差异，在我国高等教育法律法规中，仅《普通高等学校学生管理规定》第五十五条对高校的违纪处分程序有明确说明，在对学生做出处分或者其他不利决定之前，学校应当告知学生做出决定的事实、理由及依据，并告知学生享有陈述和申辩的权利，听取学生的陈述和申辩。但是有关的调查和听证具体程序尚未有明确指引，缺少细节的描述，操作较随意，容易出现问题。

（三）提高学生对违纪行为的处分程序参与度

我国高校处理学生违纪处分的机构设置不合理，行政机构和裁决机构职能重叠的现象在一些高校普遍存在，有失公正。只有做出决定的人不偏袒任何一方当事人时，才有可能获得公平公正的结果。国家和高等院校的管理者应把学生视为高等教育改革的主要参与者，应当有权参与高校政策制定和具体管理工作。将学生纳入违纪处分机构成员，共同参与，民主决策，为确立正常的校园秩序奠定坚实的基础，促进学生全方位的发展。

第七章 "社区结合"应纳入高校表现评价的指标体系

第一节 海外高等教育和社区结合的发展

高等教育机构和所在社区的合作，一直是备受关注的课题。高校拥有很多社会资源，特别是智库、研究成果，甚至不少注册专利，但是否能够回馈所在的社区，似乎未有定论。

美国密歇根大学教育学院（University of Michigan School of Education）于2006年举办了一场全美研讨会，探讨高校对社区改善和契合的贡献。

社区结合（Community Engagement），可以理解为高校与其所在地区，包括本地、区域或州，国家甚至全球社区的一种对双方有利的伙伴关系，其中包括知识和资源的交换。

很多高校均将"社区结合"纳入其使命之一。例如北佛罗里达大学（University of North Florida）便将"社区结合"写入其素质管理程序中，并称之为"社区为本升华学习"（Community-based Transformation Learning）。因此，社区结合已融入教与学的过程中，用以衡量高校的成果。该校的"社区为本升华学习"采用的形式多种多样，包括服务学习（Service Learning）、实习生（Internship）、合作社（Co-op）或社区研究（Community-based Research）。

一些高校会计算该校对所在地区的理智贡献，认为理智贡献亦属社区结合的表现之一，如，华盛顿州立大学（Washington State University）。另一些高校会指出其研究中心对人类整体环境保护的贡献，例如，科罗拉多州立大学（Colorado State University）及科罗拉多大学波德分校（University of Colorado Boulder）。因为美国是全球五个"未来地球"研究基地之一，而该研究基地是由上述两所高校负责的，它们将投入二十多个研究中心十年计划的力量。

大体而言"服务学习"已成为国际高等教育发展的一个环节。当然"社区结合"还涉及文化、音乐、艺术等领域。印第安纳州立大学（Indiana State

University）更出版了期刊《社区结合与高等教育》（*Journal of Community Engagement and Higher Education*），用以发表这方面的研究及学术文章。

除了个别高校的努力之外，美国更成立志愿组织以推动高校的公民责任感培养，校园盟约（Campus Compact）即为其中之一（www.compact.org）。该组织由超过一千名大学及学院的校长组成，旨在推动将公民及社区为本的学习，纳入高校课程之内。该组织于1985年成立，其设计的网站提供了超过300个服务学习的课程大纲（Service Learning Syllabi），设计了高校社区结合的评估指标及研究成果（Indicators of Engagement and Campus Engagement Survey），并出版了期刊《社区的高校》（*Community's College*）。

社区结合评估指标包括十三项，即：

（1）使命与目标（Mission and Purpose）；

（2）学术及行政领导（Academic and Administrative Leadership）；

（3）学科学点及跨学科（Discipline, Department and Interdisciplinary Work）；

（4）教与学（Teaching and Learning）；

（5）教师发展（Faculty Development）；

（6）教师角色及回报（Faculty Role and Rewards）；

（7）支持境况和资源（Support Structure and Resources）；

（8）财务及资源分配（Internal Budget and Resource Allocation）；

（9）社区声音（Community Voice）；

（10）外在资源分配（External Resource Allocation）；

（11）社区为本活动的协调（Coordination of Community-based Activities）；

（12）与公众的对话平台（Forums for Fostering Public Dialogue）；

（13）学生声音（Student Voice）。

北京师范大学－香港浸会大学联合国际学院自2005年成立以来，即非常注重社区结合，希望能为所在地区做出贡献；另一方面亦注重社区为本的学习，务求学生学习结合社区实际，不做空谈。联合国际学院提出四维教育的概念，即"师、生、家、国"，以学生为中心，"国"即社会及社区，学生以社会为师，从社会事务中学习。

本章将论述联合国际学院在服务学习（Service Learning），社区为本研究（Community-based Research）和社区改善计划（Communities Improvement Projects）方面展开的工作，以反映我校在社区结合方面的努力与取得的成效。

第二节　联合国际学院和社区结合的探索

一、社区合作协议

2012年，珠海市政府与UIC签署战略合作框架协议，期望我校在文化产业的社会工作中做出贡献。其后，我校又与珠海市横琴区签署战略合作框架协议，协助横琴区发展金融和教育等。

表 7-1　联合国际学院与当地各层级政府合作协议

	项目合作方	时间	主要协议内容
1	珠海市人民政府与联合国际学院战略合作协议	2012.10	双方在大学建设、社会管理、公务员培训、环境宜居城市建设、高端国际论坛举办、横琴区发展方面开展合作。
2	珠海市社会福利中心与联合国际学院共建社会工作及社会行政专业实习基地协议	2012.3.27	
3	翠香街道办事处与联合国际学院合作协议书	2010.9.15	指导珠海市邻里互助社建立民主自律与社会监督相结合的运行模式，以社区发展、扶老服务为突破口，六位一体项目为主要内容，构建内容丰富、服务优质的社区服务体系，为社区居民提供全方位服务，满足社区居民物质文化需求。
4	珠海市斗门区民政局与联合国际学院合作协议书	2007.12.12	

社会转型期是社会矛盾和冲突的多发期。20世纪90年代以来，我国迈入了社会转型的加速时期。与20世纪80年代资源扩散、社会各群体从改革中普遍受益不同，20世纪90年代以来的社会是一个资源重新聚集的社会。社会建设与社会管理无疑成了最值得重视的问题之一。

二、社会管理科学

所谓社会管理，"是指以维系社会秩序为目标，通过政府主导，多方参与，运用多种资源手段，规范社会行为、协调社会关系、解决社会问题、化解社会矛盾、促进社会公正、应对社会风险、维护社会稳定、促进社会和谐的活动和过程"（杨海蛟，2011）。其具体内容包括："基层社区管理、社会事务管理、流动人口管理、民间组织管理、突发事件应急管理以及党和政府主导民众维权等"（张春海，2011）。

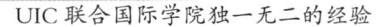

作为中国首批特区之一的珠海，改革创新一直是特区的生命线和灵魂。改革开放以来，改革主要在经济领域进行，相比之下，社会领域的改革、社会管理领域的构建相对缓慢。面对纷繁复杂的社会事务、日益多元的社会诉求、日益凸显社会矛盾的，各级行政组织对社会事务包揽过多，政社分开的问题仍未得到解决。因此，未来社会管理方面的改革将是珠海改革攻坚的主要阵地。

在社会管理领域，港澳地区较好地处理了政府、民间社会工作机构和公众的关系，形成了以政府为主导、以民间社会工作机构为主体、由公众广泛参与的社会福利服务管理体制和社会工作运行机制，且已发展成为有独特知识理论和方法的专业，人才队伍建设也已走上专业化、职业化、社会化的成熟轨道。珠海作为珠江口西岸核心城市，地接澳门，东望香港，独特的区位优势使其具备借鉴成熟的社会管理发展模式或经验的优势。

三、建立社区衔接架构

据协议安排，联合国际学院在学校和学部领导的关切下于2012年9月成立社会管理与服务中心（以下简称"中心"），并于2013年8月26日揭幕。中心隶属人文与社会科学学部，实行"咨询委员会－管理委员会"双层管理架构，咨询委员会由校外人士任主席（主席邱浩波：香港浸会大学名誉院士，香港国际社会服务社行政总裁，原香港特别行政区中央政策组非全职顾问、资深社会工作者），其他成员由校外专业人士、校方领导、社会工作及社会行政课程教职员工等组成。管理委员会由人文与社会科学学部院长（宋美璍教授）任主席，对中心项目的人力资源、财务以及行政事项进行协调，监督项目开展的质量及效果，对中心事项提供具体建议，并管理中心职员。

在借鉴中外社会管理工作经验的基础上，中心积极为建构适合珠海社会发展的创新型社会治理模式献计献策，通过社会管理项目服务、培训、咨询研究、会议、建言等方式，有效促进珠海市社会工作本土化、专业化、规范化发展，为珠海市乃至珠三角地区的社会工作、社会政策和社会管理等方面发挥积极作用。

我校也在横琴区建立了培训基地，为提升当地金融业和国际高中教育水平做准备。

第三节 联合国际学院的社区为本研究

一、公共服务便民调研

珠海市于 2011 年成立了中共珠海市委社会管理工作部（以下简称"社工部"），统筹协调社会管理职能，与珠海市委政法委联合办公，强化"党政主导"的社会管理制度建设和能力建设，提高社会管理科学化水平。中心的管理委员会成员吴耀辉先生、黄匡忠教授均于 2012 年受聘为珠海市社会创新专家咨询委员会委员。

2013 年，社工部决定对横琴新区、各行政区（经济功能区）、各有关职能部门，对近年来在改善民生和提升公共服务水平方面的举措、经验、亮点和当前存在的问题和困难，以及下一步的创新举措及对策进行专题调研。中心积极组织不同学部、专业等相关专家学者参与该项调研工作，累计探访珠海市政府单位/机构 27 个，调研了珠海市在教育、就业、交通、卫生、文体、住房、生活保障、医疗保障、社会安全稳定等多方面的政策，中心根据调研主题随后递交了相应的意见文稿，为珠海当地的发展积极献计献策。

二、社会管理创新论坛

在社区社会政策与制度的发展过程中，高校应通过多种途径引入海内外资源，召开国际研讨会、座谈会等促进社会大众了解如何参与公共事务，以改善满足人类基本需求的社会条件，从而促进社会的持续发展。

2012 年 4 月广东省委书记汪洋在珠海调研时提出和谐社会建设要形成与市场要求相适应的治理模式，6 月学校与珠海市委社会管理工作部联合举办论证会，旨在研究借鉴新加坡及中国内地其他地区在社会管理工作方面的先进经验，融合理论研究成果，构建适合珠海社会发展现状的创新性社会治理模式。在论证会上，新加坡国立大学东亚研究所所长郑永年做了题为"中国社会建设和社会管理创新问题"的专题发言。香港浸会大学荣誉院士、香港社会工作者协会荣誉会长吴水丽就"香港经验对内地社会管理创新的启迪"做了发言；香港大学专业进修学院客席讲师、香港仁爱堂前社会服务总监梁伟康介绍了香港社会服务策划的具体步骤，以及如何对受资助的非营利组织进行绩效评估；香港善导会总干事吴宏增从社会发展的角度介绍香港社区矫正服务的变革。新加坡新跃大学教授、院长陈伍强和新加坡管理学院副讲师蔡力妹亦分别介绍了新加坡在社会管理、精神康复与社区照顾方面的经验。

针对目前医患关系的紧张局面，2013年12月6日，联合国际学院社会管理研究与服务中心联合学校科研处、珠海市社会工作协会承接了由中共珠海市委宣传部、珠海市社会科学界联合会主办的"珠海市第九届社科普及周"之"构建和谐医患关系圆桌论坛"。会议邀请到了北京大学卫生政策与管理系刘继同教授、广东省卫计委廖新波副主任、澳门医疗社会工作协会吴华康副会长、联合国际学院社会工作与社会行政系黄匡忠教授作为主讲嘉宾，同时参会的还有珠三角近15家医务社工行业及社会非营利性机构代表、社区工作人员、社会工作者、医疗卫生系统代表、新闻媒体、普通市民等近200人。

此次圆桌会议以邀请各方面的专家的形式，为不同领域提供了一个共同对话和探讨医患关系的机会和平台，通过来自医疗管理者、政府医疗政策制定者、医务社工、社会工作学者等不同角度的知识火花的碰撞，促进不同领域相互之间的了解和理解，并提出促进医患关系改善的有益建议，对卫生行政机构的政策导向产生了积极影响。同时，珠三角及澳门地区的媒体纷纷对当天的会议进行了即时的报道。

三、养老服务机构构建

珠海市已于2010年进入老龄化社会。截至2013年12月，全市60周岁以上户籍老年人口12.56万人，占户籍人口总数的11.59%。全市共有养老机构24个（公办15个，民办9个），养老床位2858张，按2013年珠海市户籍老年人口计算，每千名户籍老人拥有养老床位数22.9张。现有入住服务对象1397人。然而珠海的社会工作人才，特别是提供养老服务的人才不足，具备养老服务经验或资历的社会工作人才更是少之又少。

2014年4月4日，中心举办"2014年珠海市养老体系创新研讨会"，吸引了17家来自澳门、广州、顺德及珠海本土的逾70名社会工作人士为珠海养老体系建设建言献策。中心为珠海市民政局进行了"珠海养老体系""珠海养老产业"和"珠海社区养老"等调研，提出了养老服务的具体规划。

第四节　联合国际学院的社区改善典范

一、推动社区营造

社会管理与建设注重人文关怀精神、突出社区的主体作用、加强政府与社区的合作式管理，强调人的全面发展。然而在珠海市社区居委会行政化色彩浓厚，居民对社区缺乏认同感、归属感和责任感。

2010年联合国际学院与珠海市翠香街道办、香港邻舍辅导会合作，在借鉴香港经验的基础上，实行科学化管理、规范化、专业化运作，指导珠海市邻里互助社建立民主自律与社会监督相结合的运行模式，以社区发展、扶老服务为突破口，六位一体项目为主要内容，因地制宜，构建内容丰富、服务优质的社区服务体系，涵盖居家养老、生活配餐送餐、代购代买、日托照料、护理陪伴、残疾人康复、医疗、文体、家政、法律、精神心理、临终关怀等，为社区居民提供全方位服务，满足社区居民物质文化需求。

2011年4月，中共中央政治局委员、广东省委书记汪洋在珠海市委书记甘霖等领导的陪同下，莅临该社区调研，并给予了高度评价和充分肯定。

二、承办社工服务

随着政府职能转变、基层管理社区化、家庭规模缩小以及养老功能的弱化，珠海市对社会工作服务项目有巨大的需求。中心通过承接政府购买社会服务项目，引入港澳经验，推动珠海市社会工作的专业化、职业化、社会化、规范化，并在珠海地区逐步树立了社会工作服务项目的标杆地位。

截至2014年10月，中心（以学校而非个别教职员的名义）承接了政府购买社会服务项目（2013年1月至2014年9月），中心积极与政府部门、社会组织、相关社会机构开展项目合作，累计参与项目28个，项目累计总金额达1200余万元，其服务涵盖特殊教育、护理、康复、保育、社会工作、养老等领域。

表7-2 中心承担政府购买社会服务项目

	项目名称	时间	金额	服务领域
1	社会工作服务及模拟家庭、特殊病种照顾、特殊困境儿童救助服务	2014.9.3—2015.4.3	￥850 000	社会工作、护理
2	珠海市社会福利中心养老机构社工巡回服务项目	2014.8.1—2015.4.30	￥4000 000	养老
3	珠海市社会福利中心孤残儿童学前特殊教育、康复、保育	2014.7.7—2015.4.30	￥1980 000	特殊教育、康复、保育
4	珠海市社会福利中心养老服务示范基地设计及咨询（2014）	2014.5—2014.10	￥60 000	养老
5	珠海市全市养老机构社工巡回服务（2014）	2014.1.1—2014.12.31	￥410 000	养老
6	珠海市社会福利中心特殊病种儿童家庭照顾项目	2013.11.1—2014.6.30	￥100 000	保育

续 表

	项目名称	时间	金额	服务领域
7	珠海市社会福利中心孤残儿童康复、保育服务	2013.12.1—2014.11.30	￥591 000	康复、护理、保育
8	社工及模拟家庭服务项目	2013.8.29—2014.8.25	￥661 600	社会工作、保育
9	康复督导服务项目	2013.8.1—2014.7.31	￥100 000	康复
10	孤残儿童学龄前特殊教育服务项目	2013.7.1—2014.6.30	￥1 200 000	特殊教育、康复
11	大龄儿童职业培训	2013.6.1—2014.3.31	￥18 000	特殊教育
12	珠海市社区养老服务人员培训及考察项目（2013）	2013.11—2013.12	￥90 000	养老
13	珠海市社会福利中心孤残儿童康复、保育服务	2012.11.25—2013.11.24	￥493 300	康复、护理、保育
14	社会工作服务项目	2012.8.25—2013.08.24	￥399 000	社会工作、保育
15	孤残儿童学龄前特殊教育服务项目	2012.07.01—2013.6.30	￥733 000	特殊教育、康复

三、建立服务标杆

中心承接的服务中值得一提的是珠海市社会福利中心（以下简称"市福利院"）的项目。该院是隶属珠海市民政局的社会福利事业单位，是以收养孤儿、弃婴、残疾儿童，兼医疗、康复、特殊教育、护理为一体的儿童福利机构。目前，福利中心内养育了近180名孤残儿童，平均每年接收新入院儿童约40名，其中病残儿童占96%以上。长期以来，"院舍化"的服务方式，虽然保证了孩子们基本上能够吃饱穿暖，但孩子在智力发展、社交发展、社会经验积累等方面受到了一定的限制。同时福利院也担负着珠海市居家养老指导中心的重任。

针对福利院不同对象的服务需求，中心通过公开投标承接福利院不同项目后，有针对性地设计了不同的社会工作服务项目。项目开展以来，除了聘请合格的工作人员以外，中心通过制订完善的项目管理/财务管理制度，通过定期邀请港澳资深社工督导、康复督导到福利中心指导专业技术、提供指导建议等方式有针对性、系统性地对员工开展培训和督导，严格按照项目要求，推行全方位的服务计划，有效地保证了服务素质，例如：在2013年结束的"孤残儿童学龄前特殊教育服务项目（2012）""社会工作服务项目""孤残儿童康复保育服务项目（2102）"均在终期评估中取得了95分以上（满分

100分）的超高评价，这反映了项目各方对中心社会服务类项目的运行和管理的肯定和赞誉。

在项目运行中，中心服务人员积极整合专业资源，推进跨专业之间的联系与合作，力求通过护理、康复、特殊教育、社会工作等多种渠道共同促进孤残儿童体能、生理、心理、智力、语言、社会等多方面综合发展，减少其因残疾而引致的日常生活功能的丧失，从而增加这些儿童日后融入社会的机会。

中心社会服务项目在实施过程中，一直得到珠海市民政局、联合国际学院、珠海市社会福利中心、珠海市政府采购中心等部门和机构的重视和大力支持，也逐渐引起了民众及省市各大媒体的关注，例如：2013年，《珠海特区报》对"模拟家庭"项目开展了详细的跟踪报道；珠海市电视台《阳光政务》栏目组，也邀请项目相关员工就模拟家庭项目做一档电视访问节目。

四、累积社会资本

根据珠海市现实需求与实际情况，联合国际学院制订了各类社会管理人才的培训课程，从内容上看，包括社会工作督导及机构运营管理、社区养老服务、养老服务机构管理、妇女及儿童工作、孤残儿童服务工作；从形式上看，不但让学员们通过实际案例在课堂上学习互动，而且会安排他们对珠三角地区社会机构进行考察，管理者借此机会也能学习和借鉴先进的管理机制和运营模式，并且引入了香港及海外师资、案例。（结合香港的机构多年的管理经验及内地本土体制，为学员设计一体化课程内容，扩展学院事业，掌握基本制度制订与监管手法，学习专业团队及机构的制度）

我校专业进修中心每年也与珠海市教育局合作，提供"中学英语骨干老师暑期英语培训班"支持。全人教育办公室也多次为珠海企业提供体验拓展和情绪智能等培训。

表 7-3 多层次全方位的培训服务

培训内容	培训时间	金额	培训形式
珠海市民政局社会工作督导及机构运营管理培训项目（2015）	2014.10.18—2015.10.18	￥300 000	案例分析、实践
珠海市民政局社会工作督导及机构运营管理培训项目（2014）	2013.10.18—2014.10.18	￥300 000	案例分析、课堂互动

续　表

培训内容	培训时间	金额	培训形式
珠海市民政局社区养老服务人员培训及考察项目（2013）	2013.11—2013.12	￥33 950	案例分析、课堂互动
珠海市社会福利中心社区养老服务人员培训及考察项目（2013）	2013.11—2013.12	￥90 000	案例分析、课堂互动
珠海市民政局婚姻登记员培训考察（2013）	2013.10.11—2013.12	￥9 800	参观考察、课堂互动
珠海市社会福利中心养老服务机构负责人培训班（2012）	2012.12	￥37 280	案例分析、课堂互动
珠海市民政局养老服务机构考察培训（2012）	2012.12	￥41 250	参观考察、课堂互动
2012年珠海市妇联妇女与儿童社会工作培训（2012）	2012.10—2012.11	￥19 835	案例分析、课堂互动

五、老村创意改造

2014年，珠海市政府推动"幸福村居"工程，中心集中了资信科技、社会行政、工商管理、环保科技、食品科学和文化创意等专业的专家，为会同村和那州村策划经济，环保，文化保育和旧村改造方案。

第五节　联合国际学院的社区反馈学习

一、社会体验教育

联合国际学院的全人教育课程依据中国的教育环境，设计了一种创新的、自由开放式的教育模式，由两部分组成：专业学科教育和通识教育。专业课程使学生能够在一个特殊的领域里进行深入研究；通识教育使他们能够开拓学习的领域，并增加他们的兴趣。

全人教育的作用是为学生提供个人发展的整体框架，将其在大学中所学和大学之外的生活实践经验相融合。全人教育关注的是每个学生的智力、道德、体能、审美、社会情感和精神潜质的增长。

为实现学院的愿景和使命，全人教育办公室于2006年7月正式成立，在体验式学习方法的基础上发展一种新的全人教育课程。全人教育的目的是通过丰富多样的体验式学习来培养学生的性格，以补充学生专业课程学习的不足，帮助学生掌握全面的知识和技能，以及人生态度和价值观，使他们可以将所学知识运用到实际生活中，实现他们的人生目标。

全人教育体验式学习方案包括八个模块：大学之道，体验拓展，服务学习，体育文化，情绪智能，环境意识，艺术体验和逆境管理。

二、服务学习课程化

联合国际学院自 2006 年就开始推动服务学习。学习全人教育办公室与珠海市斗门区民政局合作，为该区总共六间敬老院提供义工服务。

2007 年，又与金湾区教育局合作，为该区四间小学提供英语支教服务，其后服务学习内容拓展至环保和外来务工人员方面。

2014 年联合国际学院与金鼎中学共建义工服务课程实践基地，是对优良传统的延续。

服务学习模块旨在通过向学生传授必要的社会和志愿服务知识、技能和价值观，培养学生成为积极的、有责任心的公民。通过走进社会、亲身参与社区服务，开阔学生的视野，鼓励学生投身义工服务行列。

在经过必要的有关知识、技能和态度的相关讲座/培训/工作坊后，开放空间技术（OST）激发学生的自主性及充分参与，使其充分参与和执行自己设计的行动方案。课程共分 5 部分，融合了理论培训和实践体验，其中最为强调学生的充分参与。在服务中，学生可以运用学到的技能，建立其自身的价值观，并通过反思升华使其得到进一步的巩固。

服务学习很多高校都有推行，我校是把服务学习课程化的先锋。课程完成会计算一个学分，课程既有评估方法（assessment indicators），还有评估准则（assessment rubrics）。

第六节　总　结

社区结合在海外已发展成为高等教育结构性的重要组成部分。联合国际学院在与国际接轨的同时，尝试创新和超越海外的标准。例如服务学习，很多海外大学只将其看作课外活动，但我校把服务学习课程化、系统化、科学化，但不改其体验学习的特征。又例如承办社工服务，其他高校多由个别老师自行组织民办社工机构，但我校以学校的整体名义承办，解决了很多老师不知如何平衡社区参与和教学任务的矛盾（黄匡忠等，2010，2012）。

高校的社区结合表现如何，其中一个指标是学校领导的态度。我校的愿景与使命，还有校领导的发言，都经常提及服务型领袖的理念，培养学生贡献社会、贡献国家是我校教育目标的重点中的重点，我校会持续推动回馈社区这一目标的发展。

第八章　未来社会服务型领袖的发展路径

第一节　服务型领袖

一、服务型领袖的起源与历史

"服务型领袖"一词最早出现在美国管理学家罗伯特·K.格林里夫撰写的一篇名为《领导即服务》的文章里。他认为服务型领袖是那些能把他人的需求、愿望和利益放在自身利益之上的领导者，是那些首要动机是服务他人而不是领导和控制他人的领导者。

国内研究者倪健新提出，作为代表人本管理思想的服务型领导，其管理模式应该是一种自下而上的倒金字塔型的管理模式，满足员工（内部顾客）成长发展的需要为企业管理的重心，企业应以提供的产品或劳务让外部顾客（用户）满意为工作的目标。

服务型领袖作为一种领导哲学，近年来在学术界和社会各界的影响日益扩大。根据斯波尔（Spear）的总结，服务型领袖理论已经在以下六个领域产生了重要影响：

（1）成为部分组织的领导哲学；

（2）成为培训董事会成员、非营利组织负责人等"信托人教育"的重要课程；

（3）应用于培训社群领导的项目；

（4）应用到"干中学"的教学项目，通过引导学生参与社会服务来学习有用的社会经验和知识；

（5）成为大学和企业管理教育和培训的重要课程；

（6）应用于促进个人成长的培训项目。

二、服务型领袖的定义

罗伯特·K.格林里夫是提出服务型领袖的第一人，他提出的服务型领袖是一种存在于实践中的无私的领导哲学。此类领袖以身作则，乐意成为仆人，以服侍来领导；其领导的结果亦是为了延展其服务功能。服务型领袖鼓励合作、信任、先见、聆听以及权力的道德用途，服务型领袖不一定取得正式的领导职位。

罗伯特·K.格林里夫提出服务型领袖概念后，很多学者陆续展开对服务型领袖的研究，并有了一个基本的认同，即服务型领袖是一名服务者，服务型领袖是一种将追随者的利益置于领袖自身利益之上的领导认知和实践行为。服务型领袖重视人，发展人，建立共同体，展现真诚，为那些跟随者提供领导的机会，为整个组织、组织的成员及组织的服务对象的共同利益提供共享权力和地位。它强调领袖的角色是组织中人、财、物等资源的管家而非所有者。服务型领袖寻求的不是自己被服务，而是去服务别人，他们把领导职位看成帮助、支持和协助他人的机会，他们是组织中专注于关心和培育员工、发展团队精神的领导者。

三、服务型领袖的特征

服务型领袖提倡服务为先，领袖先做众人的仆人，给他人以关爱，接纳他人。

根据研究，服务型领袖有以下10项特征：

（1）聆听（Listening）。服务型领袖以对方为先，希望通过用心聆听，触及别人的心灵，了解对方的想法和需求。聆听，并伴以经常性的反思，对服务型领袖来说，非常重要。

（2）同理心（Empathy）。服务型领袖尝试了解与同情对方，关注的不再是个人荣辱得失，而是接纳与肯定团队内其他成员辛苦的付出，并予以欣赏。

（3）医治（Healing）。疗伤之道是服务型领袖的强大武器，能够帮助他们跨越过渡转型、重组整合的各个艰难时期。服务型领袖的一项强大之处就在于他能够帮助他人以及他自己疗伤，一位经历过伤痛、并已痊愈的领袖正是人们所期待的。

（4）觉醒（Awareness）。觉醒，尤其是自我觉醒是服务型领袖的另一项显著特征，他不会陶醉于过去或现在的成功，他知道有些时候需要被挑战，才不会安于现状。

（5）说服（Persuasion）。服务型领袖不是仗着职权或威信来统御的，而是以"动之以情，晓之以理"的方式，劝服别人认同计划或工作，让人心服口服，而不是勉强为之。

（6）概念化（Conceptualization）。服务型领袖敢于做梦，对他来说，再过夸张的梦想亦有成为现实的可能。尽管他的想象力天马行空，但在处理问题时，却能脚踏实地，他能够巧妙地平衡"概念化"的意向与日常事务的现实情境，两者皆为必需。

（7）先见（Foresight）。人非圣贤孰能无过，服务型领袖也会犯错误，但他却能够从实践中不断吸取教训，在行动中反思，从而获得对未来行为决策的先见。

（8）管家（Stewardship）。人们所求于管家的，是要其有忠心。服务型领袖就怀有管家的忠心，为组织内成员服务，为组织所处的社区服务。

（9）委身于他人成长（Commitment to the Growth of People）。服务型领袖用心帮助组织内的每一位成员成长，使其更强壮、更聪慧、更自由、更自主。

（10）构建社群（Building Community）。服务型领袖不会"一将功成万骨枯"，他要构建生生不息、基业长存的社群，并工作、服务于其中。

四、服务型领袖与传统领导的区别

古代的君王与大臣，大多以权威来治理，管束部属，且要求下属的顺服。但服务型领袖不同，服务型领袖怀有服务为先的美好情操。他用威信与热情来鼓舞人们，确立领导地位。他与那些为领导而领导者截然不同，他所渴求的恰是缓和不同寻常的领导力及减少对资源的占有。对于那些以领导为先的领导者来说，在领导地位、威信以及影响力确立之后，或许才能够谈到服务。领导为先和服务为先是领导哲学的两个极端。处于它们之间的，则是混杂着的其他各式人类特性。

服务型领袖和那些一开始就做领袖的人不同，可以说是两个极端，服务型领袖是先做仆人，而那些从未想过做仆人的，却是先做了领袖，满足了自己的欲望，才想到要做仆人。这两种领袖的不同之处在于：服务型领袖将他人的需要放在第一位。这两者的区别凸显出服务型领袖关心的是服务，是他人的需求是否得到了满足。

服务型领袖和传统的管理概念也似乎是有矛盾的，管理就表示要控制，要有标准，并且要所有的事情都在可以预测的范围之内。但服务型领袖的理想是希望我们选择服务跟随者，使他们的利益高于自身利益。

但正是这种想要控制一切的心态，使我们不能成为服务型领袖。尤其是对于熟悉管理技巧的主管来说，他们可能从来没有想过，领导力可以来自服务人，来自牺牲奉献。

第二节 服务型领袖的发展方向

一、服务型领袖未来的发展方向

（一）需走向社区化

要树立服务社区、回馈社会的良好意识，积极走进社区及服务社区，通过社区活动参与社会实践，了解问题分析的方法，培养具体问题具体分析的能力，学会灵活地处理各种问题，加速自身的成长。

（二）需走向国际化

当今国际社会正发生复杂而深刻的变化，国际贸易格局和多边贸易规则正酝酿着深刻的调整，各国面临的发展问题依然严峻。面对全球化时代的到来，作为合格的世界公民，要顺应世界多极化、经济全球化、文化多样化、社会信息化的潮流，开阔视野，培养创新能力，更要注重全球化问题，秉持开放的区域合作精神，致力于维护全球自由贸易体系和开放型世界经济，立志成为国际化的服务型领袖人才。

（三）需走向多元化

随着人才国际化的发展要求，领袖也向多元化的方向发展，因此，应加强服务型领袖多元文化的体验。重视各类领袖人才培养，不仅注重服务型领袖本身的专业知识培养，还要树立他们对中国历史文明与世界多元文化结合的意识，能站在更高的角度分析问题。

二、高校学生领袖培养——服务型领袖

大学的主要功能是培养人才，而领袖型人才的培养则是大学人才培养功能的重中之重。为国家、民族培养领袖人才是大学责无旁贷的事情，如今越来越多的大学都在探索如何培养能够服务国际社会的服务型领袖。学生服务型领袖作为所在学生组织的领导者，其领导和管理团队的过程就是一个不断学习、培养和提升领导力的实践过程。

（一）新形势下高校学生服务型领袖应该具备以下基本素质

1.具有较高的社会道德素质和坚定的理想信念

一个人的思想素质决定了其人格魅力和影响力，对于高校学生服务型领

袖来说更是如此。因此,高校学生服务型领袖必须具备较高的思想道德素质,具有坚定的理想信念,起到应有的带头示范作用。

2. 在当今社会中具有较强的工作能力和组织协调能力

学生领袖是学校和学生之间的桥梁和纽带,高校一般都要通过学生领袖来发挥学生的自我教育和自我管理作用。高校学生领袖的身份比较特殊,他们既是领导者和组织者,又是活动中的一员。所以学生服务型领袖必须有较强的工作能力和组织协调能力,既能在活动开展中独当一面,又能发挥出自己潜在的感染力和号召力,能扎实有效地开展工作,不断提高学生组织的凝聚力和向心力。

3. 具备一定的分析决策能力和创新能力

学生领袖所从事的工作经常是非常烦琐和复杂的,所以必须具有一定的分析决策能力和开拓创新能力。学生服务型领袖必须具有非常强的逻辑性、敏感性及战略性,能正确地看待社会上的各种问题、新事物并周密地考虑问题,同时也要与时俱进,广泛汲取知识,培养自己的创新能力。

4. 具备良好健康的心理素质

学生领袖是学生群体的领导者,是各种活动的策划者和组织者,在工作过程中会遇到各种困难,必须有健康的人格,更要有较强的心理承受力和抗击挫折及压力的能力,才能更好地为同学服务。

(二)新形势下高校学生服务型领袖的培养路径

1. 开设领导力基础理论课程

美国高校大学生领导力开发的重要任务主要由通识教育来承担。相比精英教育,通识教育更有利于促进学生情感、态度、价值观及能力的形成,进而开发大学生领导力。每个个体都具备优秀的领导潜能,需要通过教育发掘出来。在大学中设置合理的领导力课程是有效的途径之一。领导力基础理论课程主要包括时间管理、冲突管理、沟通技能和案例研究等理论教学内容。

2. 开设领导力培训营、研讨会、讲座等

领导力不仅可以通过课程开发获得,也可以通过培训开发获得。对学生服务型领袖进行培训是提高学生干部领导力的重要方法,也是提高领导力开发效率的必要途径。

3. 通过学生社团工作培养学生服务型领袖的领导力

团队追求的是一种成员之间积极的、有创造性的互动配合和沟通。学生社团能增强团队合作能力,激发学生的领导力,通过团队合作激发成员的责任感及认同感。

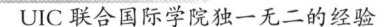

4.通过学校大型活动培养学生服务型领袖的领导力

通过开展全校性的大型活动，学生可以在活动中参与组织决策，锻炼全方位思考问题的能力，学会以大局为重，提高领导才能。

5.通过社会实践（服务学习）来培养学生服务型领袖的领导力

通过为学生服务型领袖提供和创造各种机会，在实践活动中，学生服务型领袖可能会遇到各种困难或问题，高校要正确引导和帮助学生服务型领袖发展逻辑思维从而有效地分析和解决问题。

6.提供发展咨询，加速其成长

大学不仅要"得天下英才而教育之"，更要关注已经具有领袖潜质的人才。通过系统的咨询为有兴趣的学生提供学习和发展的机会，加速其成长，让其有机会成为服务型领袖人才。

第三节　UIC推行服务型领袖发展理念

人们都习惯性地把国家、政治团体和群众组织的领导人称为"领袖"，简而言之，领袖是指较有影响力的最高领导人。而服务型领袖，是以方便所领导的部门的成员，为所领导的部门的成员排忧解难，提供高效优质服务，保证所领导的部门成员享有所有合法权益为存在目的的领导。这样的领导对部门和对社会都是有益的。尤其是随着全球经济结构从工业型转向服务型，国际社会对服务型经济环境中的领袖的期望亦有显著的改变。国家政府和企业除了要求各行业服务型领袖拥有专业知识外，更重视服务型领袖的品格、沟通能力、团队精神、职业道德、批判性思维、关爱素质等特质。

高校学生培养也为国家服务型领袖输送人才。为了培育学生成为服务经济时代的成功领袖，UIC从2011年开始每年定期举办领导力培训营，提升学生服务型领袖的能力，成就全人教育。

（一）领导力培训营（Level 1, Level 2 & Level 3）

UIC提倡博雅教育，全人教育，推崇服务型领袖发展理念，每年定期举办领导力培训营。

UIC的领导力培训营是学生事务处学生服务型领袖发展组为学生量身打造的体验式培训课程，参照学生参与学生活动的经历，及在学生社团或学生活动中不同的经验，将培训营分为Level 1及Level 2，从不同程度着重培养学生的团队建设与管理、开会技巧、沟通能力、活动策划、服务型领袖理念等技能知识，通过培训营"两天一夜"的活动体验，在不同的维度上切实提高个人领导力水平。

表 8-1　领导力培训营（Level 1）项目课程

Day 1 第一天	Day 2 第二天
☐团队建立 ☐工作坊：服务型领袖	☐活动策划展示 ☐学生领袖分享
☐拓展活动 ☐总结和反思	☐工作坊：沟通与如何开会 ☐问卷分析及活动总结
☐晚会表演	

UIC 领导力培训营 Level 1，分别从团队建立，服务型领袖工作坊，拓展活动，晚会表演，学生活动策划展示、学生领袖分享及沟通与如何开会等模块对学生进行培训。

团队建立，是一个活动必不可少的一个环节，可以将来自不同专业不同苑舍的学生，组建成一个具有凝聚力的团队。

举办服务型领袖工作坊，让同学们在体验中认识什么是服务型领袖，感受服务型领袖和传统型的领导的区别。拓展活动，通过自己组织和带领其同学举办一个活动，让同学们在体验中学习和提升组织能力。

活动策划展示，学生以小组形式进行策划筹备、策划撰写及策划展示，在策划展示中发现自身的不足并向其他小组学习，提升策划能力。

学生领袖分享，是培训营中最受学生欢迎的环节。主办方会在学生组织中邀请在学业、学生活动中有突出表现的优秀高年级学生，给大一大二的学生分享他们的经验，帮助新生更快地融入大学生活，解答新生在日常学习生活中可能会遇到的难题。

表 8-2　领导力培训营（Level 2）项目课程

Day 1 第一天		Day 2 第二天	
9：00—11：30	☐Module 1 领导力 领导力与管理 领导方式	9：00—13：00	☐Module 4 项目管理 工作坊：绿色行动的理念 体验式活动：绿色行动

续　表

	Day 1 第一天		Day 2 第二天
13：00—17：00	■Module 2 商务谈判 内容简介 体验式活动：谈判 讨论	14：30—16：00	■Module 5 有效沟通 嘉宾分享：沟通 学会同理心和尊重 学会倾听及相关理论 沟通技巧 讨论及问答环节
18：00—20：00	■Module 3 演讲技巧的提升 进行有效公开演讲的技巧 活动：自由演讲	16：10—18：00	■Module 6 分享及反思 活动反思 问卷结果反馈 训练营的总结与反思

领导力培训营 Level 2 侧重对学生能力的培养，在 Level 1 的基础上，更多的是让学生去组织与实践，着重提升学生的人际沟通能力与项目管理方面的能力。

参与领导力培训营 Level 2 后，参与者将能够：

（1）区分领导者的素质和角色；

（2）在团队发展的不同阶段获得团队建设技能；

（3）了解激励团队需要什么；

（4）进行反馈对话以维持和改善在工作场所的表现和行为；

（5）加强团队成员之间的沟通，以确保相互理解和振奋团队精神；

（6）与他人分享处理领导力挑战案例的实践经验。

目前，学生事务处学生服务型领袖发展组正在积极推行领导力培训营 Level 3，预计在 2019 年上半年推出，培训营的成果有待验证。

表 8-3　领导力培训营（Level 3）项目课程

	Day 1 第一天		Day 2 第二天
9：30—12：00	□新闻报道的写作技巧 □课程简介	9：30—12：00	□社区领袖
14：00—17：30	□主持与召开会议 □矛盾的解决	/	/

（二）学生领袖成长计划

在 UIC，学生不仅能通过专业的学习获得学业上的成绩单，通过组织或参与不同类型的课外活动，也能获取一张课外活动的成绩单，这就是 UIC 的领袖成长计划。学生领袖成长计划旨在配合 UIC 全人教育及服务型领袖理念，鼓励学生通过积极组织或参与不同类型的课外活动，引领他们逐步迈向"卓越领袖"的发展目标。

根据活动的类型及学生在活动中扮演的角色，可以获得相应的积分，学生领袖成长计划将累计每位学生的积分，达到相应的积分及条件可分别获得铜章奖、银章奖、金章奖或钻石章奖，以表彰学生在学生领袖方面及课外活动方面所取得的成果及在校园文化方面所做出的贡献，对以后深造和工作都有很大帮助。

1. 得分标准

（1）活动角色：学生通过组织或者参与学校部门或者正式注册的学生组织举办的不同类型的活动，根据不同的活动类型及在活动中扮演的角色，所得分值如下表。

表 8-4　活动角色得分表

Role 角色	Small Activity 小型活动	Mass Activity 大型活动	Lecture/Workshop 讲座/工作坊	Training Programme 培训项目 ≤ 1 day （一天内）	Training Programme 培训项目 > 1 day （超过一天）
Audience 观众	0	0	0	0	0
Participant 参加者	2	4	2	2	4
Volunteer 义工	4	8	4	4	8
Presenter/Performer 分享者/表演者	5	10	5	5	10

续　表

Role 角色	Small Activity 小型活动	Mass Activity 大型活动	Lecture/ Workshop 讲座/工作坊	Training Programme 培训项目 ≤ 1 day（一天内）	> 1 day（超过一天）
Working Staff 工作人员	7	14	7	7	14
Responsible Person 主要负责人	10	20	10	10	20

（2）学生任职：在 UIC，我们根据各学生组织承担的职责和任务的大小将学生组织分成两大类，学生会干事会及其他组织（包括学生会代表会/其他学生组织/全人教育兴趣社团管理委员会及朋辈导师等）。学生在学生组织中的任期一般为一年，如其在学生组织中担任某个职务超过 7 个月以上，任期结束后根据所任职位的轻重可获得相应的积分，职位及分值如下表。

表 8-5　任职角色得分表

Role 角色	Executive Committee of Student Union 学生会干事会	Representative Council of Student Union/Other Student Organizations/WPE-ICMC 学生会代表会/其他学生组织/全人教育兴趣社团管理委员会
Member 成员	0	0
Working Staff 干事	20	15
Committee Officer/Department Officer/Deputy Department Officer 常务干事/部长/副部长	35	30
President/Vice President 会长/副会长	50	40

（3）学生代表：在UIC，各个学部和专业都需要学生代表出席学校的一些委员会，学生代表的类型及分值如下：

表8-6　学生代表得分表

Role　角色	Point　分值
Programme Representative 专业代表	15
Division Representative 学部代表	15
Student Senator 教务议会会议学生代表	15

（4）学生校外荣誉及获奖：学生通过参加校外的活动或比赛，根据获奖的具体情况将获得一定的分值。分值如下：

表8-7　校外荣誉得分表

Awards 奖项	Municipal 市内	Provincial 省内	National 国内	International 国际
一等奖	8	16	24	32
二等奖	6	12	18	24
三等奖	4	8	12	16

2.如何申请学生领袖成长计划积分

（1）组织或参与学生活动：学生组织在活动结束后向管理部门学生事务处—学生服务型领袖发展组或全人教育兴趣社团管理委员会提交活动评估表（含活动的基本信息、参加者名单等）。每学期结束后，学生事务处—学生服务型领袖发展组将审核活动主办方提交的活动数据，并将活动信息上传至学生领袖成长计划系统（Leadership Path Programme System）。

（2）各学生组织在每年的活动结束之后，统一向学生事务处—学生服务型领袖发展组提交学生任职记录登记表。

（3）其他类型的活动：申请者须填写相应的登记表交至学生事务处—

学生服务型领袖发展组进行审核。

3. 积分的查询

学生可登录学生领袖成长计划系统进行积分的查询，学生事务处—学生服务型领袖发展组将定时对数据进行更新。

4. 奖项及积分要求

每年的5月，学生事务处—学生服务型领袖发展组将举办学生领袖成长计划的颁奖典礼，旨在表彰学生在学生领袖方面及课外活动方面所取得的成果及在校园文化方面所做出的贡献，学生在学生领袖成长计划累计的积分达到相应的积分及条件可分别获得铜章奖、银章奖、金章奖或钻石章奖。

具体奖项及分值如下：

表8-8 奖项得分对应表

Types of Honor 奖项	Points Required 积分要求
The Bronze Prize 铜章奖	90—149 分
The Silver Prize 银章奖	150—219 分
The Gold Prize 金章奖	220—299 分
The Diamond Prize 钻石章奖	300 分或以上

5. 学生领袖成长计划档案

学生领袖成长计划系统对学生在大学四年组织或参加过的活动、在学生组织中的任职等进行记录，生成学生领袖成长计划档案，相当于课外活动成绩单，为学生之后的深造学习或工作提供证明材料。

图 8-1 领导力积分记录（正面）

Explanatory Notes

This record includes the leadership records, the off-campus honors or awards, and the activities organized by the College which fulfill the criteria listed underneath.

Criteria for the official activities by the College:

1. The activity is organized by a department/unit of the College.
2. The activity is organized by the student organization which is officially approved by the related department.
3. The learning outcomes of the activity should be related to the Graduate Attributes of UIC: Citizenship, Knowledge, Learning, Skills, Creativity, Communication and Teamwork.
4. A record of student's involvement is kept for this activity.

Leadership Award:

Types of Honor 奖项	Points Required 积分要求
The Bronze Award 铜章奖	90-149 points
The Silver Award 银章奖	150-219 points
The Gold Award 金章奖	220-299 points
The Diamond Award 钻石章奖	300 points or above

All right reserved by Student Affairs Office

图 8-2　领导力积分记录（背面）

6. 改进建议

学生领袖成长计划于 2014 年正式开始推行，在不断地趋于完善，通过举办颁奖典礼等途径加大宣传的力度，扩大学生领袖成长计划在学生中的认知程度。但由于学生领袖成长计划系统还缺乏一定的灵活性，部分活动数据无法收集，导致系统中的数据不够完整，更新也不够及时。我们也在探索如何更智能地让学生把相关数据直接录入系统，学生事务处如何在线上完成审核等问题。

第四节　UIC 培养学生领袖的本土经验

UIC 的学生组织包括学生会、宿生会、专业学会，还有各类兴趣社团 60 多个，给 UIC 培养学生领袖创造了优越的条件。

一、UIC 培养学生领袖经验小结

（一）服务型领袖是培养学生领袖的整体目标

结合 UIC 全人教育的发展，在学生中广泛推行和提倡服务型领袖的发展理念，在学生社团的活动及大型活动中有目的地引导学生领袖树立以人为本，为广大同学服务的意识，以培养融合博雅教育理念及具有卓越才能和正确价值观的优秀服务型领袖为整体目标。

（二）开设领导力培训营，为学生提供系统课程

对学生领袖进行培训是增强学生领袖领导力的重要方法，也是提高领导力开发效率的必要途径。在 UIC，学生事务处学生服务型领袖发展组每学期都举办领导力培训营 Level 1 及 Level 2，旨在培养学生领袖正确的思维方法，培养学生领袖敏锐的观察力，培养学生领袖全局的眼光，开拓学生领袖的视野，培养探索创新精神。领导力培训营通过团队建设、拓展活动等活动形式有目的性地激发学生的领导力，通过团队合作激发成员的责任感及认同感。

（三）为学生提供社团实践机会

在学生社团中，UIC 为学生创造和提供了很多实践的机会，学生通过组织各类型的活动培养团队合作的能力，独立思考问题和解决问题的能力，从而能对身边的各种问题做出正确的判断和评价，使学生领袖的整体素质都能得到提升。

（四）为学生提供领袖发展路径

为了鼓励学生积极参与丰富多彩的课外活动，同时也为了方便记录学生课外活动的参与度，UIC 推行学生领袖成长计划。学生每次参与不同类型的课外活动都能获得相应的积分并记录在学生领袖成长计划系统，系统记录了学生在 UIC 四年参加课外活动的情况及任职情况，形成一份领袖成长档案，

相当于课外活动成绩单，可为学生之后的深造学习或工作提供证明材料。

同时，学生领袖成长计划将累计每位学生的积分，达到相应的积分及条件可分别获得铜章奖、银章奖、金章奖或钻石章奖，以表彰学生在学生领袖方面及课外活动方面所取得的成果及在校园文化方面所做出的贡献。每年5月，学生事务处学生服务型领袖发展组都举行颁奖典礼，表彰在课外活动中表现突出的学生。

表8-9　2017及2018年各奖项获奖情况

奖项	2017年	2018年
钻石章奖	7	12
金章奖	23	43
银章奖	168	144
铜章奖	565	404

（五）为学生提供社会实践的机会

UIC鼓励学生参加社会实践活动及义工服务，如每年暑期，很多学生通过参加支教活动、社区义工服务、海外义工服务来增强自己的社会责任感，提升自身的领导能力。

（六）为学生提供参与国际组织活动的机会

UIC鼓励学生领袖积极参加各类国际组织如UN、WHO、UNESCO等举办的活动或研讨会，使学生领袖通过与不同文化背景的人交流，分享对事物的不同见解，培养创造性的思维，增强与其他成员合作的技能，明确自己肩上的责任，充分发掘自己的潜力，在个人发展及领导力方面迅速成长，成为一个具有开放胸怀和全球化视野的优秀世界公民。

二、UIC学生领导行为评估调查情况

UIC的大四学生在毕业论文中曾对UIC学生领导行为进行过调查，一共收集了200份领导力实践问卷，其中99位受访者未在学生组织中担任领袖，101位受访者曾在学生组织中担任一个或一个以上的职位。经过分析数据，在24种积极人格特征中，曾在学生组织中担任领袖的受访者与从未在学生组织中担任领袖的受访者在善良、公正、判断力、开放性思维、对未来的展望及感恩5种性格品质方面存在很大的差异。

第九章　校园社会企业
——创业精神与公益情怀同行

第一节　社会企业概述

一、社会企业的定义

随着生产力的提高，经济的迅速发展，越来越多人选择将发展公益与创业相结合，进行公益性创业。从当前国际社会发展的状态来看，公益性创业俨然已成为一个世界性的热门话题。社会企业是公益创业的新形式，也是一种新型的社会组织，是一种不同于非营利组织，也不同于商业组织的企业形式。

在传统社会中，非营利组织的经费来源主要是依靠政府补贴或慈善捐赠，当政府补贴或慈善捐赠的资金不足时，非营利组织就难以维持下去。于是，部分组织开始转移方向，运用商业化的运作模式来解决自身发展中的财务危机。在这个过程中，以市场化为手段，以解决社会问题为目标的社会企业优势逐渐显现出来。通过市场化的操作，它不仅可以解决自身发展的成本，甚至会有一些盈余。因此，这些组织可以摆脱单纯依赖政府补贴或慈善捐赠来获得资金的限制。

随着时间的推移，越来越多的社会企业尝试用商业化的经营方式解决经济方面的问题，它们显现出来几个共同特征：（1）企业倾向——直接为市场生产产品和提供服务；（2）社会目的——明确的社会或者环境目的，例如创造就业，培训和提供服务，利润主要被再投资用于实现社会目的；（3）社会所有权——社会企业是自主性的组织，其治理结构和所有权结构通常建立在利益相关群体参与，或者代表利益相关者控制企业的受托人或董事参与的基础上，社会企业对给利益相关者和社区带来的社会、环境和经济影响负责。

在学术界，社会企业被理解为包括从事对社会有益的活动的利润倾向性的企业、社会和经济双重目标结合的企业、从事支持商业活动的非营利组织构成的连续体。但是在学术界外，有人则认为社会企业关注非营利组织的收入创造。社会企业联盟认为社会企业是由非营利机构从事的产生利润以支持其慈善谜底的商业战略。

虽然不同国家和机构以及研究者基于各自的视角对社会企业下的定义不同，但社会企业的基本特质有相同的三条：（1）社会企业是社会使命驱动型组织，其经营产品或者服务是为了实现社会目的；（2）以商业运营为手段，有经营活动并且经营收入是主要收入来源；（3）企业赚取利润不在于个人利益最大化，利润被用于实现社会目标或再投资于企业。社会企业是非营利组织商业化和企业非营利化的结果，它借助市场的力量，调动社会各方面的积极性和力量，实现包括消除贫困、解决就业、扶弱救残和社区发展等内容的社会公益事业的高效率和可持续发展。社会企业不以利润最大化为优先考虑因素，衡量社会企业是否成功的标志是其在可持续发展、实现某种社会目的和营利三方面有没有达到平衡。

为进一步理解社会企业，对社会企业和一般营利企业、非营利组织从组织目标、价值创造、资金来源、利润分配等方面做进一步的比较，见下表。

表9-1 传统的非营利组织、社会企业和营利企业的比较

组织类型	组织目标	价值创造	资金来源	利润分配	活动例子
非营利组织	社会目的	社会价值	捐赠为基础（政府补助和捐款）	无营利，资金运用主要针对特定地区和特定群体	扶助弱势群体提供服务等
社会企业	营利并实现社会目的	社会价值和经济价值	市场为基础，经营收入是其主要资金来源，也会有募集资金	发展社会服务或投资于企业本身	为弱势群体创造培训就业机会、鼓励公众参与、提高公众环保意识、提倡可持续消费
营利企业	营利为主	经济价值	投资银行、风险投资家、个体投资者	股东和投资者股票	生产产品提供服务

由上表可以看出，社会企业不同于营利企业。第一，它不以追求利润最大化为目标，而是以社会目的为主要目标，强调企业的社会责任。因此，人们将社会企业视作中间形态，既借鉴了商业化的运营模式，又以完成社会使命为自身发展目标。第二，社会企业不同于非营利组织，营利性是社会企业的一大特点。在这点上，社会企业与营利企业具有相似性，二者都追求利润，

只不过营利企业以追求利润最大化为第一目标,而社会企业不以追求利润最大化为第一目标。第三,社会企业具有营利企业的特质,也会从事经营活动,在这个过程中,无论出现亏损还是盈余都由自己承担责任,这一点是社会企业与非营利组织不同的地方,非营利组织一般不会从事市场性的业务,而社会企业保持了这一活动。

从上表可以看出,社会企业具有十分复杂的特性,也正因为此,我们对其的研究就显得更加有价值。根据社会企业的特性,可以将社会企业的定义概括为:为了实现社会目的,而从事市场经营活动,通过商业机制来解决社会问题,不以追求利润为主,但同时具有营利性和公益性的企业。

二、社会企业的分类

社会企业的目的是主要通过商业模式实现为组织的社会项目或运行成本提供资金,同时作为一个可持续的项目机制以支持组织的使命。

根据社会企业发展的目标,我们可以将其分为以下四种类型:

表9-2 四种类型社会企业

社会企业类型	社会目的	运行特征	活动例子
社会补充型	为了保障某一类特殊弱势群体的社会权益	组织内的主要成员或服务对象是该类弱势群体	香港悠闲阁茶餐厅主要通过盈利模式来帮助更多妇女创收和创业
政府补充型	解决政府公共品、准公共品供给不足的某类问题	通过企业的技术优势或社会创新补充社会建设中的不足	香港仁爱堂环保园塑胶资源再生中心,其力求为香港的环境状况和社会问题做贡献
市场补充型	倡导经济活动的公平公正,提倡绿色经济、环保经济	通过公平交易保障产业链中弱势群体的权益	创行社团赣南油茶项目,一边推广油茶背后的文化,一边为弱势农村妇女群体提高收入
社会创新型	增加社会福利供给,促进社会融合,同时创造新的工作机会和经济价值	借助商业运动解决社会问题的创新	香港红白蓝三三零手工艺坊,给精神病康复者提供重新融入社会的机会

三、校园社会企业的定义及其类型

社会企业对解决社会问题起到了举足轻重的作用,正日益引起世人的普遍关注。社会企业的存在意味着企业、民间团体以及个人现在可以利用一种企业模式来解决主要社会问题,也为人们提供了更多商品和服务的选择机会,从而强化了企业竞争和自由选择。种种功能均体现出社会企业的诞生是社发展的必然趋势，社会企业的提出或许可以回应对于纯商业企业承担社会责任的过多苛求，同时还让创业者多了一种可选择的途径。

现在很多高校都在进行创业方面的尝试，也有很多职业发展中心以及创业中心的规划，鼓励大学生创业，大学生创业成功的例子不胜枚举。而有别于校园创业，社会企业又是另外一种实践模式。在校园内鼓励开展社会企业，其目的不仅仅只是为学生提供创业实践的机会，更加重要的是带给学生社会公益的理念。社会企业在西方已经发展了二十多年，但在中国内地，社会企业尚处于探索阶段，也没有很多成熟的经验，在中国内地高校推行校园社会企业更是少之又少。因此，在没有国内校园社会企业（以下简称"校园社企"）个案参考的情况下，结合社会企业自身的特点以及国内高校的情况，UIC开始探索校园社会企业的发展和运作模式。

笔者根据校园社企在UIC的实践情况，结合社会企业的定义，认为校园社会企业是：为了将大学生的创业精神与公益情怀相结合，用商业机制来鼓励学生着手解决社会问题，同时具有营利性和公益性的实践团体。

校园社企存在很强的教育目的性，同时经费的来源甚至服务的团体基本上都是校内的师生，有很强的针对性，所以笔者认为校园社企是社会补充型和社会创新型的混合类型。它们为学生这个群体提供服务，但是又从这个群体中获得支持与帮助，从而增强自己的能力，影响社会上的群体。校园社企帮助大学生放眼观察社会，思考解决社会问题的办法，并且影响大学生的观念，让他们有更多的机会切身体验社会存在的问题，从而影响自身的人生发展规划。

第二节 社会企业的发展经验

近二十年来，世界各地的非营利组织大批涌现，东亚、东南亚地区本来属于非营利事业不甚发达的地方，但在过去十几年里，日本、新加坡、韩国等国家的民间组织数量都在急剧增加。在中国，一些非营利机构很早就开始尝试通过建立社会企业营利的商业行为，来创造稳定资源推广其核心方案，以完成当初成立组织时定下的基本使命。其通过收取费用，或是学习企业家精神，利用主动寻找与有效利用资源，来建立稳定的财源，在很大程度上克服了以往完全依赖私人捐款及接受政府补助的弊端。这些社会企业的存在给很多的失业人士提供真实的工作环境，让他们重拾工作能力，自力更生，从而将腾出更多的资源用于扶助老人、儿童及残疾人士。据香港社会服务联会统计，目前香港有200多家社会企业，超过1100人在社会企业部门工作，业务范围包括产品制作及销售、家居服务、餐饮服务、清洁服务、个人护理服务等。

社会企业在香港的发展虽然还处于一个起步阶段,但已有了一个良好势头,香港推进社会企业发展的一些成功经验及不足之处,很值得我们借鉴。

第一,推进官商民的共同合作。

香港社会企业发展较好的第一因素是政府积极推行官商民的共同合作。对于政府来说,社会企业在公共服务中发挥着越来越大的作用,它与政府常常有着相同的目标。它既提供了使公共服务更加个人化的机会,也提供了可能的成本节约和更广泛的合作思维。政府应该在促进社会企业发展过程中有所作为。对于企业而言,其在追逐利润的同时,也应该负起一定的社会责任,以促进整体社会能够可持续发展。商界参与及支援社会企业的发展,实际上就是负起一部分社会责任。对于民众来讲,社会企业所推崇的社会价值理念,正是民众所推崇的。社会企业为民众提供了一个表达善意的平台,社会企业的发展离不开民众的支持。

第二,确立公众认同的社会企业价值理念。

香港社会企业价值理念在于解决社会问题,而不是纯粹为了盈利,所得利润不用于分红,而是用于相关或不相关的社会机构(如传统的非营利组织),或是企业本身就是以解决社会问题为目标存在的,如雇用残障人士。当然,社会企业在香港还处于初级发展阶段仍未被广泛认识,为此,特区政府采取了以下措施:一是与具有营办社会企业经验的非政府机构及私营机构合作,勾画社会企业在香港发展的整体情况。二是挑选社会企业的优良作业模式,并鼓励其他社会企业效仿。三是举办论坛,加深公众对社会企业的了解,并邀请商界及更多市民参与探讨利用社会企业协助健全失业人士的可能性。四是通过研究建立社会企业资料库。如:2006年4月与2007年4月由扶贫委员会举办的社会企业会议,2007年3月25日香港社会企业展销日和2007年12月20日由民政局举办的社会企业高峰会等一系列活动,让香港市民慢慢了解了社会企业的产品与服务,并且逐渐接受了社会企业的价值理念。

第三,培育高素质的社会企业人才队伍。

社会企业的深入健康发展肯定需要建立一支高素质的人才队伍。为此,香港社会服务联会率先联同多所具有商业管理和社会企业专才的高等教育院校,合作发展一个满足非政府机构或私营机构中高层在职管理人员培训需要的培训课程。此外,政府还计划在大学传授社会企业知识。大学可向学生宣传企业社会责任和社会企业精神,从而充当社会企业与私营机构之间的重要桥梁,而学生将来亦可能会在社会企业、非政府机构或社会企业的伙伴公司工作。如为推动企业落实社会责任,香港城市大学在工商管理学硕士课程中推出"社会责任"的相关科目供学生选择。以上措施，使香港的社会企业人才队伍不断壮大。

第三节　社会企业在校内的运作模式

一、校园社企的特征

校园社企在学生创业和实践中起着重要的引导作用，与一般的社会企业相似，又有很多自身的特征，由于在校园这个特定环境之下，校园社企带有强烈的社区性、教育性和实践性。

（一）社区性

大学生处于校园环境之中，并未与社会真正接触，开展活动基本上都是立足于校园然后扩大影响力。校园社企首先考虑到的对象是在校的学生，并且借用学校的人力资源、财政资源以及场地资源来建立及壮大。校园社企通过这种商业运作加社会公益的运作模式，为在校师生提供服务的同时，来影响校园以及周边的社区，立足于学校，但不限于学校，这是校园社企的首要特征。

（二）教育性

学校推动学生就业以及创业的同时，也不忘自身教书育人的任务。大学教育的目的是让学生以后能够服务社会，服务社会的根本，就是需要学生有服务人民和社会的理念和意识。校园开展社企活动，有利于引导学生将知识应用到实际的生活中，学以致用，体验式学习，激发学生的专业学习的积极性和创造性，又利于培养具有公民意识的现代大学生。

（三）实践性

校园社企的出现，给同学们带来更多实践机会的同时，也让同学们通过这种模式认识到各种社会上存在的问题。这种实践体验模式，切实影响到了大学生的公益服务精神。校园社企，能够让大学生更早地了解到现在社会上存在的问题，从学生阶段去参与并且思考社会公益未来的发展，同时切实为弱势群体、环境保护和社区和谐做出贡献，这不是单从捐款，或者从书本上可以学习到的体验。

二、校园社企的运作

在高校实施全人教育理念的过程中，培养学生公民意识和社会责任感是学校教育理念很重要的一环。为了将大学生创业的实践以及学生的社会责任意识结合在一起，学生事务处在校内开始进行尝试，并且让同学们自主参与。校园社企的经营模式，简单来说，是由学生组织主导，学生事务处作为指导及监督单位，由同学们自主管理及发展的校园社会企业。就这样，一种全新的校园社企的模式正在悄悄地孕育以及发展。

在校推行社企活动，旨在鼓励学生积极参与校园社会企业活动，使学生通过社会企业项目实践实现个人价值，也有利于营造 UIC 校园社会企业文化和鼓励学生的创业精神。在充分优化学校场地资源配置和管理的同时，也为学生提供一个商业经营的社会实践和学习的场所，通过长期和稳定的工作经验充分提高学生的各方面实践能力。

创办校园社企是一个复杂的实践过程，包括制订商业策划书，创建团队，经营场地，建立商业运作模式，监督及持续发展等各个重要的环节。（见图9-1）

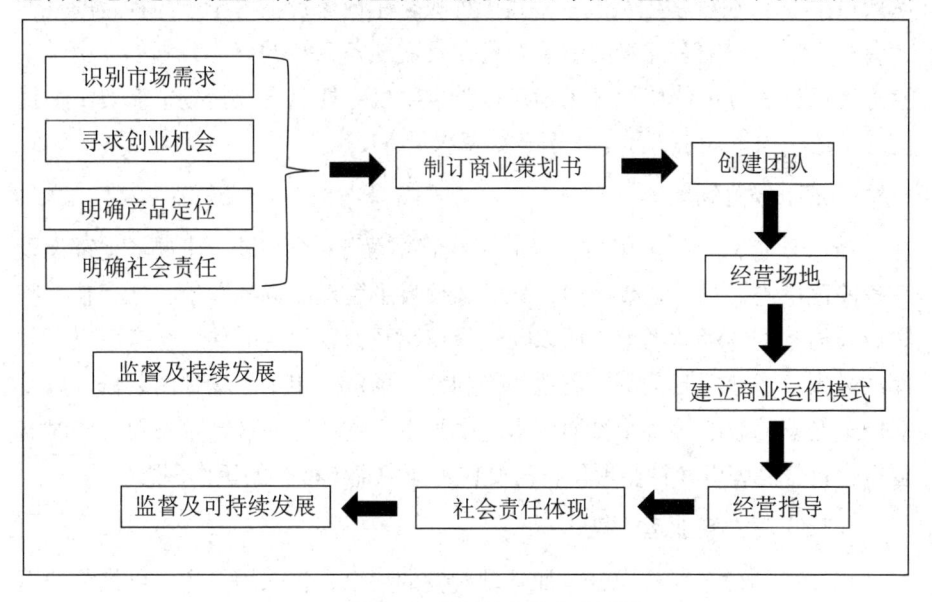

图 9-1　校园社企的实践过程

（一）制订商业策划书

商业策划书的制订是创业过程中最重要的一环，决定着创业模式能否成功。在校园社企的商业策划书中，除了需要学生提供完整的商业计划书以外，更重要的是考察学生的公益项目，社会企业的最终目标都是鼓励弱势群体自力更生与可持续发展，由于在校园内实施社会企业考虑到校园安全以及受众人群的问题，我们更多地强调学生社企作为社会补充类，将经营的收入用于帮助社会中的弱势群体。同时也有明确的要求，所有经营收益除了用于日常经营和维护以外，其他部分都将用于社会公益项目。具体的利润分配需要在

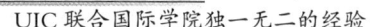

策划书中有明确体现。

所以比起一般商业策划书，除了考虑创业的部分，更重要的是需要有完整的公益项目方案，这对于学生来说算作提出了更多的要求。从校园社会企业开始，将公益情怀融入学生的创业活动中，也是校园社企建立的最主要目的。

（二）创建团队

不同于一般的社会上的社会企业，校园内的社会企业由于以学生为主体，同时考虑到如果以个人团队为单位会导致管理的混乱以及项目延续性的问题，所以在成立之初，先以比较有成熟管理经验的学生兴趣社团作为主要对象。在组建团队时，需符合以下条件，必须是 UIC 注册的学生组织，其团队成员由 UIC 在校学生组成，不接受外校学生或者社会人士参与社企的日常运营；学生组织须有完善的组织架构并且需准备完整的商业策划书，由学生事务处审核后方可使用社企场地；接受学生事务处监督及指导，需要定期提交《场地经营策划书》至学生事务处审议。

（三）经营场地

校园社企在实际运作的过程中，由于考虑到安全问题，主要场地都设置在校园范围内进行。在校园内，除了学校自主管理的场地以外，也存在一些物业公司管理的经营场地。所以在选择校园经营场地的时候，会考虑以下方面的因素：场地经营范围、场地的便利性、场地的租金、场地的装修，以及对周边经营的影响等各个方面因素。由学生负责场地的装饰及布置，同时需要符合自身品牌以及社企形象，需要在场地中宣传社企的运作理念。

（四）建立商业运作模式

由于校园社企要考虑各方面管理制度的约束，将采用灵活、可控制的模式。UIC 提供指定经营场地，学生与 UIC 主管部门签订场地委托管理协议，主管部门对学生社企社团的经营和活动实行严格的监督和管理，以确保学生社企项目在校园内合法合规进行。管理部门对社企的经营范围进行严格监管并提供指导，由学生自主管理及自我完善，自负盈亏，除了部分收入用于社企的可持续发展，其他所得收入都须用于公益项目，学生组织及个人不能从中获利。

校园社企，要符合经营方面的要求：

（1）校园社企项目经营所得除必要的行政费用支出外，其余利润均作为学生组织活动经费；

（2）前期经营利润所得将采用分期偿还方式支付学校垫付投资（适用

于学校出资建立的项目）；

（3）学校出资，并使用学校指定场所的社企项目，每月提交固定的场地营业额作为场地使用费，其余盈利全数作为学生组织日常行政管理及活动支出；

（4）市场化运作模式，统筹管理、强化监督，学生事务处联合各学院的教授及学生组织的指导老师对学生经营团队的管理提供商务、财务、会计和审计等方面的技术支援；

（5）由负责管理的学生组织及其团队自主经营，自我管理，自负盈亏。

（五）经营指导

我们要求学生组织自己进行管理，这样对学生提出了更高的知识及实践要求。学生事务处联合各个学院的教授，专业老师及社企专业人士对学生经营团队的管理提供商务、财务、会计和审计等方面的技术支援。社企组织也要求有至少一位专业的指导老师，作为团队顾问，引导团队发展。学生事务处则肩负社企日常活动的监督及指导，以确保学生社企项目顺利进行。

（六）社会责任体现

校园社企的成立，除了关注学生的需要，更重要的是考虑对学校周边社区乃至对整个社会的影响。社企的社会责任不是仅仅举办一两次活动体现出来的，而是需要明确长期的社会公益项目作为目标，所以作为校园社会企业，在评估阶段中，更加重要的是考察其社会公益项目。弱势群体帮扶，环保理念推广，绿色健康生活构建，社区和谐发展，社会创新以及社会救济等都是社企社会责任的体现，学生从校园中获得相关的理念，然后毕业后影响社会并贡献社会，也可以说是校园社企一个重要的社会责任。

（七）监督及可持续发展

社企由学生事务处负责筹建或组织成立，由专业教师和学生组成的监督、财务审计小组，定期召开工作会议，保证场地运营情况的跟踪管理和监督。学生事务处协助学生草拟《场地经营策划书》；制订管理章程、经营方针、财务管理章程、学生组织内部的基本管理制度以及管理机构的设置。同时要求必须是 UIC 合法学生组织，其团队成员由 UIC 在校学生组成，定期提交《场地经营策划书》提交学生事务处审议。在学生事务处的指导下，聘请相关或有经验的人士对学生组织进行短期的上岗业务培训等，确保学生社企的可持续发展。

第四节 校园社企案例

一、案例一：创青水吧

（一）背景

创青水吧由创业青年协会社团于2012年开始经营，该社团是一群年轻的、有梦想的，并肯为之不断付出努力的同学建立起来的。营业地点在教学楼的师生活动中心，通过卖零食、饮料、午饭等产品以服务忙碌的同学们，并以此为盈利手段获得资金，进行一系列关于创业和公益的活动，让同学们可以从具体的运营与管理模式中累积到创业的经验，并从公益活动中感受到帮助他人、奉献社会的快乐。

（二）管理团队组织架构

团队是由来自不同专业以及不同年级的学生组成的，都是同学们自主参与，有相似的管理分工。为了提高工作效率，他们将社团分为以下几个部门：

运营部，主要负责日常运营。日常运营主要包括摆货、售卖商品等一系列复杂烦琐的工作，并通过日常运营的销量决定是否售卖哪一款商品。细心的同学才能胜任运营部的工作，非常考验同学们的随机应变能力与交流沟通能力。

采购部，主要负责日常售卖商品的采购与活动物资的采购，同时还负责点货，与供货商进行沟通等一系列问题。

财务部，是一个社团的核心部门，负责所有有关财务的问题。财务部记录着社团每一笔钱的来源与用处，并定期将其制成财务报表供学校检查。

人资部，与其他人资部不同，承担着人资部和秘书部两个部门的职责。工作主要负责平时日常运营的排班、社团活动的人员安排、教室场地的预订等一系列有关人事方面琐碎的问题。

策划部，主要负责活动的策划。在每次活动之前，策划部都要提前半个月做出策划案并不断进行完善。在策划案中标明各个部门的职责并通知各个部门，比如财务部做出预算，人资部安排人员问题，外联部邀请嘉宾，等等。各个部门各尽其职，才能保障活动的顺利进行。

宣传部，主要负责社团活动的宣传和新产品的宣传。具体工作包括信息推送、海报的制作等，其目的是让更多的人参与到社团举办的活动中来，提高创青的知名度与影响力。

外联部，主要负责一系列对外交涉问题，包括对活动嘉宾的邀请，与学校进行一些问题的沟通等工作。

（三）特色经营项目

当时校园内有两个校区，新生需要往返新旧校区进行上课及休息，在这种情况下，创青水吧的经营主要根据同学们的需求，提供午餐代售服务以及售卖零食饮料服务，同时提供炒酸奶业务，解决了部分学生面临的午餐和赶时间上课的实际困难。

（四）公益活动

创青水吧作为一个社企，首要任务是通过盈利所得给社会带来帮助。比起单纯的表演活动，创青更想给敬老院的老人们带去温暖；比起单一的一两次活动，创青更希望能长期跟这些老人建立一种温暖的关系。所以创青水吧在和乐百年敬老院商量之后，决定定期举办游园活动，以一种类似于嘉年华的形式，通过游戏与老人交流，给他们带来温暖，让他们感受到社会的爱。创青会组成长期的交流小组，让老人们与我们的社员相互认识了解，然后通过更频繁的接触慢慢解开他们的心结，真正了解他们的难处，解决他们切实的问题。并定期活动，长期地提供帮助，让老人们感受到亲切与温暖，体现社企真正的价值。

（五）项目亮点

（1）以日常经营带动学生积极参与，根据每年报名的人数，每年会有超过 150 名新生（占新生人数的 10% 以上）希望报名参加这个社团，同学们参加实践类社团的积极性很高，以实践机会吸引同学接触更多的社企活动，了解公益活动的精髓。

（2）服务同学，并且带给同学更加物美价廉的商品和优质的体验。由于学校课程时间短，课间休息以及午间休息的时间都很赶，教学楼区域距离商品售卖区又比较远，所有提供这种便利服务给同学们节省很多时间，带来很多实惠。

（3）将公益情怀与创业精神相结合。大学生创业是解决大学生就业的一个重要途径，并且也是职业生涯中的一条发展路径，两个区域的水吧虽然小，但是可以从中感受社企的精神，从而影响大学生的理念，这是传统意义上的教学无法给予的实践机会。

二、案例二：创野咖啡吧

（一）背景

创野咖啡吧由创野社于 2012 年成立，负责经营教学楼内的社企场地，常规会员超过 100 人，致力于在校园内为师生提供便利，通过售卖零食、饮料和咖啡为师生提供便利，同时开展多样化的活动来丰富同学们的课余生活。我们给社内员工提供了实习机会，让他们提前感受商业氛围，并尽我们的能力提高社团的专业素养水平。

（二）管理团队组织架构

咖啡吧需要更多的人手投入值班以及咖啡的制作里面，所以运营部除了主要负责日常运营以外，更重要的是排班，并且通过实践让同学们了解咖啡的制作。根据创野要求，每一名同学都必须掌握美式和意式咖啡的冲制方式方可领取社团的实习证书，故创野的营运部除了负责日常事务以外，也承担了很大一部分会员培训的任务。

（三）特色经营项目

创野咖啡提出咖啡渣回收活动，利用无毒无害的原材料对咖啡渣进行加工，进而达到塑形的目的，允许顾客 DIY 制造各种造型的工艺品。步骤不复杂，原材料价格低廉，简单易得。本办法目前为创野社原创，拥有 100% 的自主知识产权。

（四）公益活动

创野咖啡吧在场地上销售由珠海市社会福利中心残疾青年制作的手工成品，并且作为学校市场营销专业的实习场地，将专业与实践相结合。同时还有咖啡渣的再利用项目，咖啡渣是每一个咖啡店都会产生的垃圾，是用过的咖啡豆残渣。咖啡渣里面含有大量的氮化物并且有咖啡的香味。目前，行业上基本采取舍弃的处理办法，出于环保以及企业的社会责任，创野咖啡吧进行了咖啡渣工艺品以及咖啡渣肥料项目，最大限度挖掘咖啡渣的价值。

（五）项目亮点

（1）鼓励参与实践。比起创青水吧，创野常规参与人数达到 140 人，新生报名参加人数超过 300 人（占新生人数 20% 以上），所有参与人员都需要在经营场地轮流值班并学习冲制咖啡，了解咖啡文化。

（2）创立自身品牌。创野咖啡吧在自身经营中不断摸索，从原来的只是单纯销售零食和饮料，到后面创立自己的咖啡品牌——创野咖啡，让原本简单的经营有了本质的改变，同时也在学生当中产生了更大的影响力，让校园社企在同学们心目中埋下了种子。

（3）经济效益明显。随着咖啡文化的兴起，咖啡在教师和学生范围里面需求明显，凭借位于教学楼4楼课室的地理优势，加上便宜的价格，受到众多师生的喜爱，盈利远超预期，同时也为社团本身进行公益活动提供了强有力的经费支持。

三、案例三：三人书房二手书回收及经营

（一）基本情况

三人书房是校园里以卖二手书为主的社企。以环保为宗旨，重复利用二手书，节约资源。在以卖书盈利的同时承担社会责任，二手书项目的设立便是基于承担社会责任支持环保工作的目的展开的。将三人书房的复印二手书卖至珠海的再生纸厂家，从厂家买回用废旧书籍重新打浆而成的再生纸，将原纸作为原料送至印刷厂家进行加工装饰印刷，成品成为供广大学生使用的便携笔记本，无偿派发给同学使用。

在第一次举办的再生纸活动项目里，成品是以再生纸为原料经过印刷和再装饰而成的A5大小的便携式笔记本，印在的封面的代表本项目的Logo是"再生纸"三个字拆分而成的汉字笔画，包含了再造与重组的理念。正如将三人书房的二手复印书拿到纸厂作为原料重新打浆再造成再生纸让它们获得新生，重新制造成方便同学生活的产品，可以使书本再次获得使用价值。将产品设计成笔记本而非其他形式的再生产品，是由于笔记本对同学们来说，使用率和使用范围比较高且比较方便携带，因而能更大程度地回馈和帮助到广大同学。

（二）面临的困境

受教材改版以及电子书、网络发展的大环境影响，书籍经营行业受到很大的冲击，书店受到的影响也是巨大的，虽然在校学生对书籍的消费欲望比其他人更加强烈，但是由于不能经营教材的销售，只能进行二手书和其他书籍方面的销售，其他方面由于受到学校统一订书和教材改版的冲击，以及四维校友社中断与书房合作官方纪念品与毕业季摆摊的影响，书房盈利状况较同期有较大的下滑。

（三）项目亮点

（1）贴合环保主题，降低学生就读成本。我们对在校的82名大学生进行了调查，结果发现高达88%的人选择二手书的原因是因为价格优惠。对高校大学二手书市场分析可知，目前高校教学教材价格比较高，学生购买时要

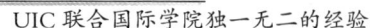

花费较高费用，这对于学生是一笔较大的开支，尤其会给家庭困难的学生造成很大的经济压力。鉴于二手书的可利用性，我们希望通过努力组建发展我校二手书市场交流平台，提高二手书回收利用效率。

（2）创新精神的体现。除了传统意义上的二手书出售，更加提出了新的再生纸项目，将废旧纸张通过加工并加上用心的设计，做成新的笔记本，充分发挥了同学们的创意以及操作能力，从纸张回收以及产品开发生产及投入使用，都是社团成员自己设计并完成的，并且将笔记本赠送给所有在校同学，真正体现出社企的创新精神以及服务社区的精神。

（3）为传统书店转型提供新的思路。近几年，受到电子书和电商的冲击，各地的实体书店或多或少地面临着经营危机，有的扛不住经济的压力关门，有的则尝试增添综合经营项目，试图通过其他途径盈利。三人书房也面临同样的问题，三人书房的管理社团开始开拓新的方式，除了举办各种读书会、分享会将书房变成一个聚会的场所，同时积极开拓花茶文化，将读书，交流以及茶文化有机结合，为传统书店的转型提供了一条新的思路。

第五节　校园社企的推行

一、校园社企推行

（一）校园社企推行的目标

学生社会企业项目的实施，提高学生的创新能力，培养学生服务他人、服务社会的意识，以实现"全人教育""四维教育"的理念；启发其创业思路，为学生在UIC切身体验创业提供一个实践的模拟经营实体；为学生提供理论知识与实践相结合的机会，提升UIC学生的经济意识、管理能力，为培养德才兼备的国际人才提供一块实验田。学生通过参加该项计划，有助于开阔视野，激发创意，培养社会责任感。

（二）校园社企推行的优势

由于校园社企立足于学校已有的学生团队，例如已建成的社团或者学生会等，学生自主管理而且自发组成的团队比起其他个人临时组建的团队在保证活力的同时，有更加成熟的管理经验。校园社企也让学生有更多参与社会实践的机会，能够切身体会社企的魅力，影响一些人的就业方向。学生参与校园社企，也让同学们提高了对于社会政策以及规则制度的认识，例如工商登记，食品安全条例以及消防安全条例等，让同学体会到制定政策背后的含义。校园社企，将创业精神和公益情怀结合在一起，不是一句简单的空话，而是可以在实际生活中影响到身边的同学。

（三）校园社企推行的困难和问题

首先，经营团队不成熟，团队成员全部都是学生，随着社团的发展，大部分成员都是大一大二的学生，这也导致团队的经验传承出现了各种各样的问题，新成员的加入，新社长的更换，导致团队每年都需要经历一个适应期，再重新发展，制约了校园社企的改进与创新。其次，受校园内经营对象以及场地的限制，社企的发展形式受到一定的制约，社企的类型比较单一，很难形成多种经营模式。再次，在保证校园安全的前提下，社会弱势群体不便直接参与到校园社企的具体经营中，也在一定程度上制约了校园社企的发展。最后，现在国内社企也是比较新的概念，社会上并没有多少人了解社企，同时也没有相关政策的支持，一定程度上制约了校园社企的发展。

二、校园企业在校发展的建议

（一）设立新型的学生组织

在实践中，学生社团能够发挥组织协调能力强的特点，而且每年都有大量新生投入校园社企中服务同学，但是社团每年进行换届导致社企理念无法很好地传承，发展也只能原地踏步，每年都会不停地犯同样的错误。因此，可以考虑用2年制甚至更长年限的方法保证经营的稳定性，不以社团为基础，建立单独的校园社企团体。

（二）划定专门的实践场地

社企的发展离不开学校的支持，学校可以充分利用校园的场地，在学校不同的区域专门设立校园社企的经营场所，根据校园实际，在学校规划的情况下，充分发挥学生的自主性，将主题、装修，甚至经营范围一并交由学生团队去单独完成。

（三）鼓励校园社企走出去

校园社企走出去，不是指经营范围离开学校，而是指校园社企应该将服务对象或者帮扶对象扩散到所在社区，甚至整个社会。校园社企随着发展很容易出现满足于现状的情况，即认为服务校内的师生就可以了。作为管理方，需要不断鼓励以及用规定的形式，让校园社企真正接触社会，为社会做贡献。

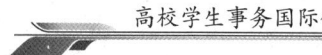

（四）充分发挥校园的资源

在校园内进行社企运营，需要充分发挥各个专业学科老师的专业知识，可以将专业老师融入社企项目里面，由他们提供指导，学生进行实践，再由专业老师进行总结，在这样的良性循环当中，于实践中学习。

三、校园社企未来的发展模式

通过分析校园社企将近 5 年的发展历程，笔者认为校园社企经营可以采用各种不同的商业形式。其中，商店是最常见也是最普遍的商业形式，而且也最接近学生的生活，能迅速融入学生生活中。社会企业通过盈利来达到服务社会的目的，因此，如果研究出一套商店式的社会企业模式，将对社企发展产生重大影响。商店本身是一种商业形式，一个商业主体，也是一个营利机构，商店所得利润的积累可用于解决一部分社会问题。同时，商店也是商品售卖场所，商品来源途径可选取需要帮助的一方进货，从而解决一部分困难人士的就业问题。商店也是市场消费水平和需求的指向标，通过商店本身的运营以及销售情况可以反映市场本身的一些问题。再者，商店也是一个很好的宣传场所，可以对一些公益机构或活动进行宣传。

综上所述，校园社企的发展可以以一种商店发展的模式为开端，逐步扩大经营规模和范围，再逐步影响身边的同学。

第十章　学生组织发展的推动

第一节　UIC 学生组织概况

从广义的概念来看，学生组织是由学生自愿组成，自我服务、自我提高、辅助教学并按照章程开展活动的非营利性群众组织。在高校里学生组织的具体形式有：学生会、社团联合会、志愿者联合会、学生社团等。UIC 同样强调学生组织的自我管理、自我成长及社会服务，所有学生组织必须在学生事务处注册登记，并必须有指导老师及组织章程，UIC 现有学生组织包括学生会、专业学会、宿生会及兴趣社团，具体形式与内地传统高校还是有一定区别的。

一、学生会

学生会是唯一代表 UIC 全体全日制本科生的组织，每一名全日制本科生都是学生会的法定成员，经过十多年的探索，学生对学生会的组织形式进行了数次修正。在学校的行政管理及监督下，UIC 学生会形成了学生自治、自我管理、自我监督的架构。学生会的运作依据《学生会会章》，师生都必须共同遵守，UIC 学生会分为学生会干事会、代表会、仲议会及编辑部。学生会的发展历史和学生会的组织架构如下所示。

表 10-1　学生会发展历史（2005 年—2017 年）

年／月	事　件
2005 年 11 月	2005 年 11 月成立宿生会，宿生会为 UIC 历史最悠久的学生组织，当时宿生会在一定程度上代表学生会，当时 2005 级学生约 270 人
2006 年 4—5 月	2006 年 4—5 月，在校方的组织及监督之下，成立了学生会代表会，通过学生会代表会成立临时学生会，通过《学生会临时会章》。会章奠定了学生会两权分立的架构，即代表行政执行权的干事会和代表立法及监督的代表会。并委任选举委员会筹备第一届学生会干事会的选举工作

续表

年/月	事件
2006年6月	2006年6月中旬，举行第一届学生会干事会候选内阁竞选论坛及全民投票选出第一届学生会干事会
2008年9—12月	学生动议修改《学生会会章》，除了修正部分条款外，把原来两权分立的架构改为三权分立，增设仲议会及编辑部。会章修正案经过全民投票并获通过，于2009年1月1日正式实行
2015年4—5月	学生动议修改《学生会会章》，除了修正部分条款以适应UIC的实际情况外，另提出修改学生会的任期，即从原来按年份改为任期与学年一致。会章修正案经过全民投票并获通过，于2016年1月1日实行。由于实行新会章调整学生会的任期，因此当届学生会的任期为3个学期

学生会组织架构图

UIC 学生会
（UIC 全体全日制学生均为 UIC 学生会成员）

全员大会
（最终立法机构）

全民投票
（最高决策权力机构）

联席会议
（会员大学闭会期间最高权力机构）

（咨询、监督）

干事会　代表会　仲议会　编辑部

专业学会　宿生会　兴趣社团

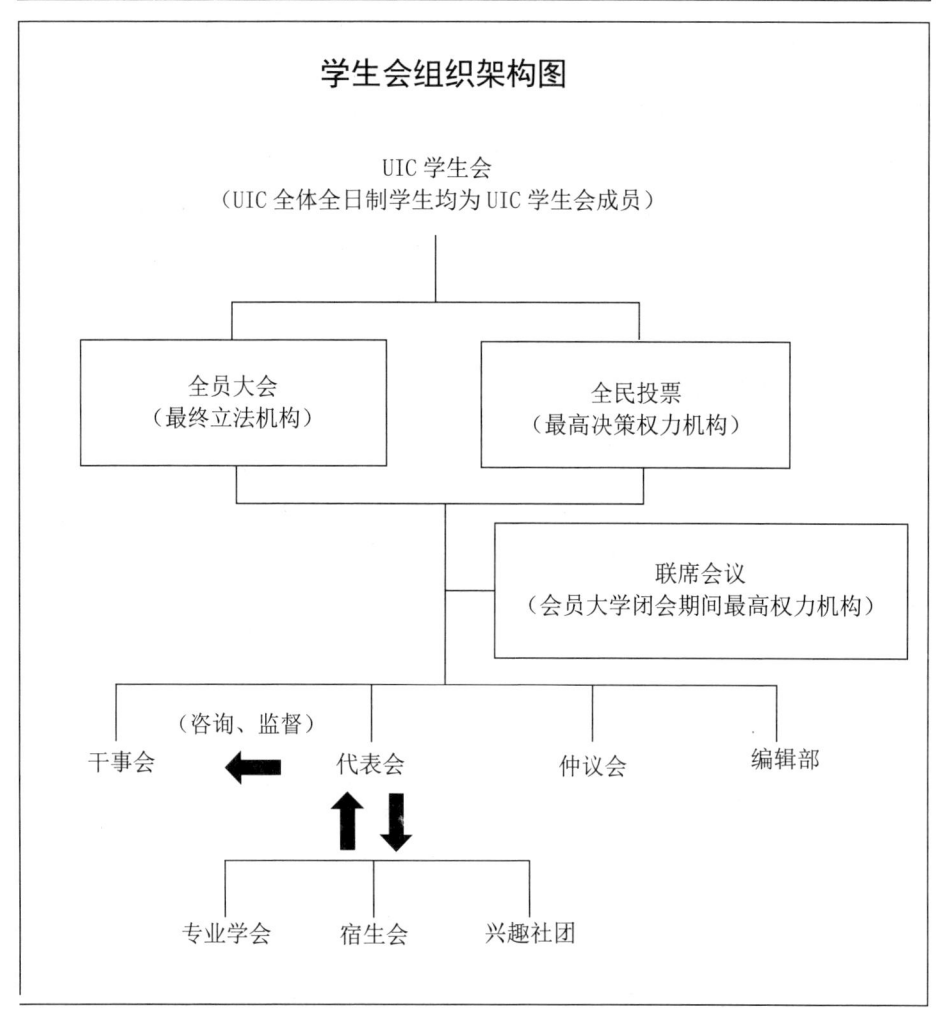

图 10-1　UIC 学生会组织架构图

（一）学生会干事会

学生会干事会是学生会事务的主要执行机构，学生会干事会的职能可以类比内地传统大学的学生会，干事会主席对外即为学生会主席。学生会干事会是学校与学生之间的桥梁，代表学生参与学校相关委员会会议，一定程度上代表学生参与校政，为学生谋求福利及争取合理权益，例如学生会干事会主席是法定的教务议会代表；此外学生会干事会举办各类活动，丰富校园多元文化氛围；与外校联系促进交流，参与社会公益活动等。UIC学生会组织架构虽然有别于内地传统高校，但在职能上二者并没有太大的区别。

（二）学生会代表会、仲议会及编辑部

学生会代表会主要由干事会以外的各个学生组织委派1名代表组成，包括专业学会、宿生会及兴趣社团，法定代表接近90人。它主要负责学生会一切立法工作及行使对干事会监督的职能，这一职能与内地高校学生代表大会的职能基本一致，如《深圳大学学生代表大会章程》规定学生代表大会的主要职能为审议和通过学生会的工作报告、计划及工作方针与任务等；如《北京大学学生代表大会组织条例》规定学生代表大会的主要职能为修改学生会章程，监督章程的实施及听取、审议上届常务代表大会和执行委员会的工作报告等。

仲议会为学生会的独立仲裁机关，负责学生会内一切仲裁及诠释事宜。编辑部是学生会出版刊物的最高行政机构，编辑部处理有关学生刊物的出版事宜，负有检查舆论的责任，为学生会会员提供发表言论的渠道。

二、专业学会

UIC专业学会是各个专业的学生自治组织，指导老师为本专业的课程主任，专业学会以内阁制的形式选举产生，可以类比内地传统高校的系或学院学生会，但职能上会有所区别，专业学会的主要职能是举办各类与专业相关的学术类性活动，但同时也会举办各类文娱活动，促进学生交流。由于UIC没有班级的建制，在一定程度上专业学会充当着类似内地高校班干部的角色，如校运会时组织专业同学报名、做军训前期筹备及举办以专业为单位的校内外大型活动等。

三、宿生会

UIC推行苑舍（或叫舍堂）文化，宿舍是推广生活教育理念的平台，学校把宿舍划分为不同的苑舍，每个苑舍由舍监、导师及宿生会共同发展苑舍文化。宿生会是代表苑舍的法定学生组织，以个人代表制选举产生，旨在促

进宿生交流，为宿生谋求福利，形成与发展苑舍文化，增进同学对苑舍和大学的归属感。

四、兴趣社团

UIC 鼓励学生发展不同的兴趣爱好，近 67 个兴趣社团涵盖了文化艺术、义工服务、学术及体育等方面，每一个兴趣社团至少有一名 UIC 全职教职员担任指导老师。经初步统计，UIC 加入兴趣社团的学生约占学生总人数的 60%，主要为大一及大二学生，说明社团有相当大的影响力。兴趣社团活跃了校园文化，培养了同学们的兴趣，锻炼了同学们组织活动的能力，同时为同学们综合素质的培养和成长创造了良好的条件。

表 10-2　67 个兴趣社团类别分布

类　别	数　量
学术类	11
文化艺术类	16
体育运动类	27
义工服务类	5
其他类	8

第二节　UIC 推动学生组织发展的机制

学生组织是学生自我教育、自我管理、自我服务的有效形式，UIC 学生组织一直保持着健康、持续及稳定的发展，无论在组织的数量上还是参与的人数上，都呈上升的趋势，学生组织的存在和发展对促进学生的全面发展有着积极的作用。UIC 现有约 90 个学生组织，学生组织的运作及管理以《学生会会章》及各组织内部的会章为依据，在遵守校纪校规、学生组织管理规范的前提下，即可充分发挥自主能动性发展组织及举办文化活动。

一、学生组织独立自主,激励发挥主观能动性

为了在学生组织中更好地推广服务型领袖理念,培养更多服务型领袖人才服务社会,UIC 在学生工作管理体制上为学生树立榜样。例如学生事务处作为学生工作的核心部门,采用扁平化的管理模式,强调为学生提供全天候的服务,体现学生事务工作者的服务意识。学生事务工作者与学生平等的相处关系,体现了尊重、信任,更能建立良好的师生关系;师生合作的大型活动,建立筹备委员会机制,听取学生的想法、建议,并鼓励及协助学生执行,学生事务工作者在学生中间充当着服务型领袖的模型,传播服务型领袖理念,从而推动 UIC 学生组织向服务型领袖团队发展。

在提倡服务型领袖理念的前提下,学校致力为学生组织提供独立自主的发展环境与空间,让每位学生领袖充分发挥主观能动性引领学生组织发展,校方并不会主动介入学生组织的日常运作,体现学生组织以学生为本的理念。我们会把组织学生活动视为一个学习的过程,学生学习如何计划、组织、执行、沟通、分工等,学生领袖在组织活动过程当中一定会遇到困难、疑惑、挫折,老师的职责在于聆听学生的心声,适当鼓励、引导及支持,让每一位学生组织的成员能在举办活动的过程中有所成长,我们更重视学生在组织活动过程中的进步及成长而并非活动效果。

二、学生活动经费申请制度

学校为支持学生组织的发展,每学年有专门的活动预算提供给各学生组织,为培养学生组织管理、计划的意识,学生组织须按要求提交学年或学期活动计划及预算,不按要求提交活动计划及预算的组织原则上不获得学生活动经费支持。学生会干事会的年度计划及预算须由学生会代表会审议及通过。另外,兴趣社团必须提交学年或学期活动计划及预算,统一由师生组成的拨款委员会统一拨款,拨款委员会将根据《学生活动拨款管理办法》《学生活动经费申请指引》对每个学生组织提交的资料进行审核及批复,批复后将全校公示,活动经费拨完即止。学生组织如有异议可提交复议,拨款委员会再召开会议讨论。这一机制在一定程度上体现了学生组织的自我管理与监督,也体现了制订计划,制订预算及按章办事的重要性。

表 10-3 学生活动经费拨款额度申请表

学生活动经费拨款额度申请表

学生组织：_____

团体类型：专业学会 / 兴趣社团 / 其他 _____

团体最高负责人：_____ 职务：_____

学号：_____ 联系电话：_____

团体公共邮箱：_____

学期活动计划列表：

序号	举办时间	活动名称	活动负责人	申请拨款金额	审批金额（拨款委员会填写）
1					
2					
3					
4					
5					

学期申请拨款总额：_____

本人确认本申请表及附表所填资料及申请拨款金额全部属实！若今后不按拨款委员会审批结果执行活动，自行承担拨款全额撤销的风险。

团体最高负责人签署：_____

日期：_____

三、以学生自我管理为导向的活动审批机制

为了更好地为文化艺术类、义工服务类及体育类的兴趣社团提供更专业的指引，这三大类别的兴趣社团在学生事务处注册，但日常管理与支持由全人教育办公室负责，全人教育办公室下设与这三大类别社团相关的艺术与文化发展中心、义工服务发展中心及体育中心，能为社团的发展提供更专业的支持。全人教育办公室为管理及服务社团成立了由师生组成的全人教育兴趣社团管理委员会（Whole Person Education Interest Clubs Management Sub-Committee），简称"WPEICMC"，旨在促进社团管理的规范化，促进社团的健康良性发展。

WPEICMC以促进兴趣社团自我发展和自我管理为工作目标，从本质上确立兴趣社团的主体地位。WPEICMC从兴趣社团管理与发展的实际出发，努力为兴趣社团创造更为优质的外部环境，促进兴趣社团发展。同时协调学校相关利益方、校外组织和团体为兴趣社团发展提供更健康的环境。日常的活动审批主要由学生委员负责，建立了一套学生委员审批、教师委员复核的机制，在一定程度上建立起以学生自我管理为导向的活动审批机制，但同时由于学生委员的经验、资历等，在审批活动时可能会忽略活动的安全性、政治敏感性等细节，因此教师委员的复核显得尤为重要。

四、学生组织指导老师制度

学校重视学生组织的发展，每个学生组织必须至少有一位UIC全职教职员作为学生组织的指导老师，如专业学会的指导老师为该专业的课程主任，宿生会为该苑舍的舍监，指导老师的角色与责任如下：

（1）给予学生组织建议并定期参与其举办的活动；

（2）审批该学生组织的文件；

（3）确保该学生组织的活动符合UIC的传统和文化，同时符合组织的章程；

（4）了解该学生组织的财务报告。

指导老师制度对学生组织的发展起到一定的作用，协助学生事务处教育、引导学生组织，并为它们提供专业的指导，建立起指导老师与学生组织之间的联系与互动。

表 10-4　指导老师同意书

Consent of Advisor 指导老师同意书

Role and Responsibilities of Advisors to Student Organizations
学生组织指导老师的角色与责任

Every student organization must have at least one full time teaching or executive/professional staff and above at the University to serve as its advisor.
每个学生组织都必须至少有一位 UIC 全职教员作为学生组织的指导老师。

The role and responsibilities of advisors are as follows:
指导老师的角色与责任如下：

1. To advise on and periodically attend the organization's activities;
   给予学生组织建议并定期参与其举办的活动；
2. To approve all required paperwork;
   审批该学生组织的文件；
3. To ensure the organization's activities are in line with UIC tradition and culture, and in accordance with constitution of the organization;
   确保该学生组织的活动符合 UIC 的传统和文化，同时符合组织的章程；
4. To acknowledge the financial report that has been prepared by student organization.
   了解该学生组织的财务报告。

◆◆◆◆◆◆◆◆◆◆◆◆◆◆◆◆◆◆◆◆◆◆◆◆◆◆◆◆◆

Information of Advisor 指导老师信息：

Name 姓名：

Position 职务：

Department 部门：

Contact Number 联系方式：

E-mail address 电子邮箱：

Consent of Advisor 指导老师同意书：

I hereby give my consent to serve as the advisor of the 我同意成为以下学生组织指导老师：
_____（name of student organization 学生组织名称）
during the academic year of _____ — _____ 于 _____ 至 _____ 学年。

_____　　　　　　　　　　_____
　　　　Signature 签名　　　　　　　　　　　　　　　　Date 日期

五、星级社团评比

为推动兴趣社团的自我管理和自我发展，改善兴趣社团的服务和管理工作，促进兴趣社团健康、良性地发展。由师生组成的兴趣社团星级评选委员会将对兴趣社团进行考核及评比，该委员会由兴趣社团管理部门代表及学生代表组成。评定根据 UIC 兴趣社团服务和管理的相关规定，结合 UIC 兴趣社团发展实际，由兴趣社团星级评选委员会制订评选方法。UIC 所有经批准成立注册的兴趣社团，注册时间必须满半年以上方可申请参加星级社团评选。

兴趣社团星级评选细则与方法是科学、公平、公正、公开、全面的，且通过采取参评标准、自报材料、调查三种方式相结合评定。兴趣社团星级评选主要考察社团组织管理和发展两方面，评分组成包括以下三个方面：组织管理、组织发展和加减分情况。其中组织管理包括活动管理、财务管理以及人力资源管理等。

星级社团评选按照兴趣社团总数的 5%、10%、20% 的比例分别确定五星、四星、三星社团数量，其余将定级为达标或不达标，经公示后，兴趣社团星级评选管理委员会向学生事务处负责并报告。

表 10-5　兴趣社团星级评选细则

评比项目	分数	项目	说明	分值	评分标准	考评组织	评分依据
组织管理	50分	活动管理	考察活动策划，活动执行，活动宣传，活动效果，活动总结，活动善后处理等方面	15分	视其情况分为： 优（15－13） 良（12－9） 中（8－5） 差（4－0）	UIC兴趣社团星级评选委员会	星级社团登记资料
		财务管理	考察社团财务管理制度，财务报表，财务透明度，捐款赞助使用情况以及固定资产管理等方面	15分			
		人力资源管理	考察社团管理组织架构，人员分工安排，换届程序，内部培训以及会员管理等方面	10分	视其情况分为： 优（10－9） 良（8－6） 中（5－3） 差（2－0）		
		痕迹管理	考察人事档案管理，社团资料传承，财务报告以及总结报告等文字资料的记录与保存等方面	10分			

续　表

评比项目	分数	项目	说明	分值	评分标准	考评组织	评分依据
组织发展（答辩）	30分	社团发展规划	考察社团的目标、宗旨及未来的发展方向，新学年的活动计划以及活动经费预算等方面	15分	视其情况分为：优（15－13）良（12－9）中（8－5）差（4－0）	UIC兴趣社团星级评选委员会	社团答辩（PPT资料）5月7日、8日和9日答辩
		社团创新	考察及鼓励社团开展制度创新、项目创新、活动创新、流程创新等创意创新行动	15分			
组织规范	20分	学校管理制度执行情况	考察社团是否遵守管理部门的申请程序，活动开展与申请是否相符，活动总结以及报销是否清晰真实等方面；考察社团负责人出席管理部门会议，学生会代表会会议，培训，研讨会，活动等的考勤情况	20分	视其情况分为：优（20－17）良（16－12）中（11－6）差（5－0）	兴趣社团相关管理部门	管理部门相关资料及星级社团登记资料
加减分	10分	其他加减分情况	加分：获得省市校或全国性比赛奖项内部整顿：社团违规及学年活动少于2个	10分	加分最多加10分		

六、组建师生筹备委员会组织大型活动

学生是学生活动的主体，我们希望可以建立更多的平台，让学生表达自己的想法、意见及建议，学生活动就是一个很重要的平台。我们不希望学生在全校性大型活动组织过程中仅仅是执行学校的安排，我们希望所有学生活动，都是学生构思、组织、执行的，体现学生活动以学生为本的理念。UIC组织全校性大型活动过程中，一般会组建师生筹备委员会，如一年一度的校运会，学生事务处会召集成立由学生会干事会代表、兴趣社团代表及教职工代表组成的校运会筹备委员会，整个校运会的宣传、报名、项目制订、奖项设定、裁判培训等都由学生提出方案及执行，校方只是提供专业的指导意见及协助学生决策，我们把校运会作为学生学习的一个平台，也突显学生才是学生活动的主体。

第三节　UIC 学生会换届选举的探讨

内地绝大多数高校的学生会通过学生代表大会或其常务委员会的间接选举产生主席团，各高校间接选举的方式也有所差异，例如，北京大学先通过学代会选举出主席团，再由主席团互推一人担任主席；浙江大学则先选举出学生委员会，再由学生委员会选举主席，这些选举大部分为等额选举。UIC 学生会的换届选举颇具特色，在学校的监督下由学生会代表会选举委员会推动选举工作，采用"一人一票"直选的方式选举。

《学生会会章》里明确规定了学生会换届选举的一切有关选举事务，包括选举规则、选举日程、提名、投票、点票、投诉及其他和选举有关的事宜，由学生会代表会选举委员会负责，确保干事会、代表会及其他会内组织的选举能公平顺利地举行。学校在整个换届选举过程中持监督与中立的态度，不允许公开支持或反对任何候选内阁或个人。UIC 学生会任期与学年同步，每年 3—5 月举行换届选举。

一、代表会选举委员会

代表会选举委员会为推广及执行学生会换届选举的法定组织，选举委员会成员须由代表会主席提名，并经代表会常务会议表决通过，选举委员会成员不得竞选、提名，亦不得投票，须保持中立的态度。选举委员会成立之后，将在《学生会会章》的框架之下制订及修订《选举附则》及《选举日程》，并经代表会常务会议表决通过后方可公布。

二、学生会干事会及代表会正、副主席的提名

所有 UIC 学生会基本会员只要平均绩点（CGPA）不低于 2.0 及无严重违纪记录都可以参选，不设立其他任何门槛，学生会干事会换届采用内阁制，规定内阁成员须至少来自两个学院、两个年级及不多于 11 人，代表会正、副主席则采用个人代表制参选。UIC 有着十分开放的学生活动氛围，只要你有想法、有抱负，愿意接受挑战，我们都鼓励学生参选。

三、学生会干事会候选内阁 / 代表会正、副主席候选人的竞选宣传

候选内阁及候选人不得自费及接受赞助来做竞选宣传，选举委员会将为候选内阁及候选人提供宣传经费，宣传工具一般有：海报、横幅、传单、竞

选视频、微博平台、微信平台等。在竞选宣传期间，候选内阁及候选人须把政纲、工作计划及目标等信息公布，并禁止利用 UIC 教职员形象做宣传，以示学校的中立性。在 UIC，学生会干事会候选内阁的选情相比之下较为激烈，候选内阁必须参加由选举委员会组织的竞选论坛，论坛的程序包括：内阁陈述政纲、内阁辩论、学生提问。候选内阁之间经常会出现"口水战"，某些时候甚至会出现人身攻击，紧张的气氛犹如美国大选的电视辩论。同时候选内阁会寻求当届学生会干事会及影响力较大的学生组织的支持，尽全力拉选票。学校及选举委员会的态度是保持中立，并且监督是否有违规现象出现并及时处理。

四、全民投票

有别于内地很多高校学生会换届选举的投票方式，UIC 采用一人一票的全民投票制，以前通过传统的纸质选票进行投票，从 2014 年开始 UIC 使用网络实名投票，即学生通过学校教务系统投票，选举委员会邀请校方代表作为监票主任。投票人数须达到全体会员（全日制本科生）的 10% 方为有效投票，在此基础上获得票数较多者胜出。如只有一个内阁或候选人参选，则采用信任票制，即在投票人数须达到全体会员（全日制本科生）的 10% 的基础上，如果信任票数加反对票数大于弃权票数，获得信任票多于反对票则胜选。投票结果现场公布，点票结束后二十四小时内，如无投诉，投票结果将于随后一个工作日由选举委员会正式公布并生效。新当选的学生会在正式上任之前会与现任的学生会进行工作的交接，他们之间须就人事、财务等情况进入的讨论并达成共识，保证学生会的工作及职能可以平稳过渡，校方持监督与中立态度，并不会主动介入。

五、UIC 学生会换届选举方式的两面性

UIC 采用"一人一票"直选学生会的方式是 UIC 的一大特色，很多刚进入 UIC 的新生，都会对学生会的体制很感兴趣，当他们知道只要有想法、有热情就可以尝试参选学生会时，他们对学生会有了全新的认识。UIC 学生会自成立到现在一直沿用"一人一票"的投票体制，采用一种新的学生会选举模式，会遇到很多本土化的问题，但总体来说，在学校的监督与支持下，该选举模式一直运作得比较顺畅。

（一）投票率的不稳定性

学生会代表会选举委员会作为推广及执行换届选举的组织，选举委员会成员的经验对选举推广的深度及广度有一定的影响，同时参选团队或个人的

数量，及他们在学生中的认可度，都会影响选举的推广，此外还有学生的投票意识，这些最终会影响学生的投票率。例如，在第十届及第十一届学生会换届选举中，干事会只有一个内阁参选，所以投票相对较低；在第九届学生会换届选举中，有两个影响力较大的内阁参与竞选，投票率就比较高。

表 10-6　学生会换届选举投票率

	第十二届（2018）	第十一届（2017）	第十届（2015）	第九届（2014）	第八届（2013）
学生会干事会	19.04%	14.98%	16.20%	34.90%	30.30%
学生会代表会正、副主席	14.15%	11.13%	11.80%	16.70%	28.20%

（二）学生会传统传承的不确定性

在 UIC 学生会换届选举的模式下，学生会传统的传承具有不确定性。如果新当选的学生会不认同现任学生会的一些方针、政策或活动等，他们可以提出新的想法，甚至在任期内不举办以往学生会的传统活动。

（三）全民投票机制的本土化过程

内地学生高中毕业进入 UIC，首次接触到"一人一票"选举学生会的选举方式，某些同学面对"一人一票"的选举机制会感到陌生与新鲜。学生投票意识普遍不强或操作时不够严谨，在推行全民投票的过程中，每个细节都要严格按照章程来操作，由于选举委员会委员的经验及把控能力不足，也出现过一些违规现象，如第二届学生会代表会正、副主席换届选举的投票过程中，出现了代投现象，在投票期间候选内阁违规拉票是比较常见的违规现象，选举委员会及校方立刻介入并按照会章规定处理。经过十三年的发展，UIC 学生会换届选举机制在摸索中前行，已经运作得相对成熟。

第四节　学生组织对学生能力的培养

高校学生组织种类繁多，其活动内容也是丰富多样的。在多种多样的学生活动中，融入渗透了人生观、价值观、世界观，以及爱国主义、社会主义和集体主义教育，并在长期潜移默化的过程中为学生所接受。学生能力的各个方面都可以通过学生活动体现出来，高校学生活动的多样性与学生能力的全面发展是一致的。

第一，有助于培养学生的组织管理能力。组织管理能力是指带领团队完成某项综合性工作的能力，包括策划、组织、协调、指挥、沟通、控制等多方面。学生毕业后不可能每个人都能走上领导岗位从事管理工作，但每个人在将来的工作中却都会不同程度地运用组织管理才能，这是现代社会对人才提出的新要求。每个学生组织成员都有参加组织管理的机会，学生通过亲自参与策划、组织、外联、活动开展的所有环节，使他们在管理团队、组织活动过程中提高自己的组织管理能力、协调能力等。而每一次参与的体验，无论成功或失败，都能极大地丰富、发展和提高学生的个性潜能、素质和修养，在不知不觉中提高组织管理能力。

第二，有助于培养学生的沟通能力。学生从活动计划、活动申请，到活动执行，都需要与不同的人沟通，活动计划过程中需与团队成员沟通形成初步的计划，活动申请过程中需要与学校不同职能部门进行沟通，活动执行中需要与组织中不同部门的成员或赞助机构等沟通，沟通无处不在，处处都充满沟通的挑战，学生在组织活动过程中能在不同维度上提高沟通能力。

第三，有助于提高财务规划能力。UIC学生组织采用预算制，每个学生组织每学期或学年必须提交活动计划及预算，在制度上要求每位学生领袖必须具备财务预算意识。另外活动预算总是有限的，如何在有限的预算里把活动举办得尽善尽美，这对学生领袖的财务预算控制能力有一定的要求。

第十一章 师生关爱

在前面的章节，我们已重点围绕学校的教育理念、学生的自我管理和成长、家长的配合等来展开论述。这一章，我们会重点谈一下老师和学生这两大主体之间，在课余期间该如何建立及发展良好的师生关系，并形成师生关爱的氛围。

读者可以通过本章的介绍，了解导师关顾计划（Mentor Caring Programme, MCP）是如何在 UIC 逐步推行和发展并取得成效的；以及一起走入我们的师生活动中心，通过各种独具特色的活动，了解 UIC 的老师与学生是如何从课堂走入生活，建立亦师亦友的关系，共同构建和谐校园的。

第一节 MCP 简介

一、起源和背景

在希腊神话中，曼托（Mentor）是位老人，他受托于奥德修斯（Odysseus），成为他儿子的老师和朋友。"Mentor"这个英文单词的现代解释是启蒙导师，是亦师亦友、对你忠心、关心你的智者。在古希腊史诗《奥德赛》的几个场景中，智慧与技艺的女神雅典娜以"Mentor"的形式向奥德修斯和他的儿子提出建议。"Mentor"已被广泛地当成"忠诚""可靠"和"智慧"的代名词。

巴西教育家和理论家保罗·弗莱雷在 20 世纪 60 年代倡导"朋辈导师"这一概念。在本科阶段，朋辈导师可以在交友，熟悉校园,时间管理,学习技巧,组织能力，课程计划，考试准备和设定目标等方面帮助新生。高等教育中的朋辈导师享有很高的声誉，受到教育行政人员和学生的青睐。在过去的几十年中，朋辈导师的形式已经逐渐出现在很多大学中。朋辈导师这一制度在大学中被广泛采纳，主要因为朋辈导师与被辅导的学生年龄相近，成长的时代环境相同，沟通起来更为便利，可以帮助新生更快地适应新的学习环境，朋辈导师也可以从导师/学生关系中受益，他们通过参与指导成员亦可从年轻学生取得的成绩中获得满足感，并且可能以积极的方式塑造他们的生活。

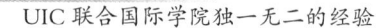

二、国外朋辈导师案例

（一）可口可乐青年计划

该项目通过跨文化发展研究协会（IDRA）发起于美国得克萨斯州圣安东尼奥市。目的是减少逃学，降低辍学率。该计划将"有风险"的中学生与"有风险"的小学生配对，中学生的辅导对象主要是西班牙裔且英语水平有限的小学生。在这种情况下，参加辅导的人不仅能获得报酬和课程学分，而且还通过特殊辅导班级提高了自己的学习和辅导技能。这项项目反过来对学校产生了积极的影响，并降低了参加该项目学生的辍学率。

（二）马萨诸塞大学朋辈导师计划

麻省大学安姆赫斯特分校的朋辈导师计划是为本科生提供机会作为兼职职员帮助新生，其职责是帮助新生适应大学生活。他们在第一年为新生提供学业上的帮助，并向他们介绍各种校园资源。朋辈导师还会参与协助新生入学指导，学习指导，作为桥梁连接学校与新生，并举办各种学术工作坊。

三、UIC 导师关顾计划

UIC 是一所博雅大学。"博文雅致，真知笃行"，是我们的校训。博文，是我们对知识的追求；雅致，是我们对内修的要求。我们从建校起就推行 MCP，是我们对博文雅致的良好践行。

UIC 现在推行的 MCP，是维系学生与 UIC 的重要网络，导师作为学校的代表，连接学生和学校。这一项目的主要目的是帮助同学们适应大学生活，特别是在 UIC 特殊的国际教育体系中。导师在学生的日常生活中将会扮演一个朋友的角色，关心学生的学业和个人发展，并提供丰富多彩的课外活动。同时，导师亦需分享他们的宝贵经验，培养和推动学生的个人成长。学生在此可获得导师的关怀和指导，加快对 UIC 的国际式教育模式的适应。

UIC 的 MCP 始于 2006 年。当时 UIC 作为一所全新的学校在许多方面还处于探索阶段，对于为学生制订一套专属的导师关顾计划只有一个模糊的框架。但是我们"摸着石头过河"，起初经历了许多挫折，也曾尝试让一些行政人员（或非学者）来担任导师，但是结果发现这一方法并不合理且收效甚微。同时我们的构想过于理想化，当时我们希望所有的学生都能参与进来，但是随后发现，有限的人力资源成为我们实现这一愿景的最大障碍。我们从失败中吸取教训。最终，在 2013 年，形成了"行政人员+学部老师"相互配合的工作模式，具体实施方式如下：根据每个专业拟定的该年度招生计划来确定小组数量，亦会参考每个专业导师的人数来调整该专业的小组数量。

导师由各学部的课程主任提名，各学部院长任命，每组分配一名导师。所有新生都将参加 MCP，新生们被分成 8—14 人 / 组。导师通过个别面谈、电话接触和电邮等方式与新生保持联系，了解他们的校园生活状况，给予他们帮助和支持。另外每个 MCP 小组还有二到三名老生扮演"朋辈导师"的角色，协助导师与组员联系，并且举办多彩多姿的活动。

四、MCP 的架构

UIC 推行教授治校的模式，学校大小事务由不同性质的委员会来负责统筹和推行。MCP 也不例外，其具体决策管理归由 MCP 统筹委员会负责，由校长直接任命一位学术高层人员作为主席，委员会成员由来自四个学部、四维教育协调处、全人教育办公室、英语语言中心、教务处的代表组成；另外还会邀请 2—3 名学生朋辈导师作为代表列席会议。值得一提的是，在成员列表中，我校一名副校长亦会列席每次会议，充分听取委员会成员的建议，及时做出重要决策和修改条例。

隶属于学生事务处的学生支援服务组，则在 MCP 统筹和推行中扮演着具体执行和推动的角色。每年的常规工作包括：朋辈导师招募、朋辈导师培训、MCP 委员会秘书培训、导师培训、MCP 活动预算管理及报销、问卷收集、朋辈导师年度嘉许典礼等。因此，除了招募朋辈导师，我们也需要配备一支学生义工队伍，全力协助 MCP 具体工作的开展和实施，我们把这批义工称作"助教"。

导师作为学校的代表与新生保持联系，了解他们的校园生活状况，并分享他们的宝贵经验，推动学生的个人成长。而"朋辈导师"作为学长，则协助导师与组员联系、举办活动，促进新生更好地适应大学生活及 UIC 的国际式教育模式。

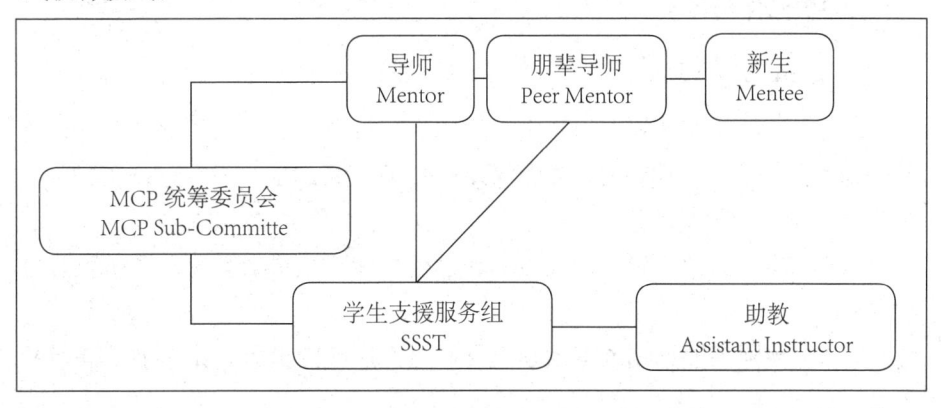

图 11-1　MCP 小组架构（1）

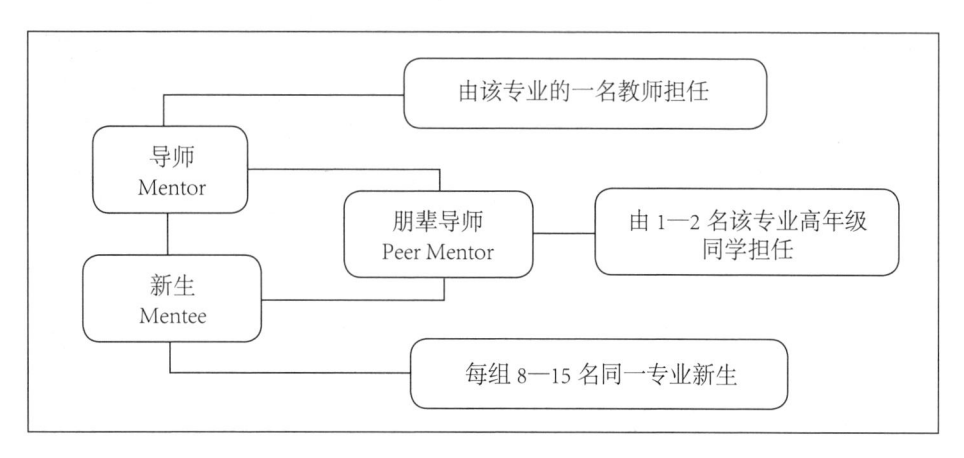

```
                    ┌─────────────────────────────┐
          ┌─────────│     由该专业的一名教师担任     │
      导师 │         └─────────────────────────────┘
     Mentor│         ┌──────────────┐  ┌─────────────────────┐
          └─────────│  朋辈导师      │──│ 由1—2名该专业高年级  │
                    │ Peer Mentor   │  │     同学担任         │
      新生 ┌─────────└──────────────┘  └─────────────────────┘
     Mentee│         ┌─────────────────────────────┐
          └─────────│    每组8—15名同一专业新生     │
                    └─────────────────────────────┘
```

图 11-2 MCP 小组架构（2）

五、MCP 的目标与理念

（一）目标

（1）搭建学校与学生沟通的桥梁；

（2）通过指引、建议、支持等，协助学生自我成长与发展；

（3）提升导师、朋辈导师与组员沟通的能力，理解组员的问题和需求，并进行协助；

（4）建立温暖、关爱的氛围，增强学生的归属感。

（二）理念

（1）重视新生的自我调适；

（2）关注朋辈导师的自主性、自发性及个人成长；

（3）陪伴与传承。

六、MCP 的益处

（1）导师关顾计划可以让一年级学生有机会了解自己所学的专业，如核心课程、专业选修课、通识教育等课程的安排和结构，平均绩点（CGPA）的计算和学习计划的制订；

（2）导师关顾计划可以在教师和学生之间建立更加紧密、更加和谐的关系；

（3）导师关顾计划能够为学生开启更为广阔的世界，让学生了解到书本之外的知识；

（4）导师关顾计划能够帮助学生认识到老师会倾听他们的诉求，不会轻视他们的努力；

（5）导师关顾计划可以让学生们在大学远离孤独、迷失、疏离。

七、MCP 的开展

（一）MCP 朋辈导师招募情况

朋辈导师，其性质属于义工范畴。学生凭着热情和真诚，积极加入朋辈导师的队伍中。从第二学期的报名招募、开学迎新、学期中的活动开展和组织、协助导师进行面谈安排，朋辈导师的工作周期为一整个学年，应该是校园服务时间最长的义工。后面我们也会提到，要成为一名朋辈导师，仅仅有满腔热情并不足够，学生事务处会对申请人的学习成绩、个人行为是否端正等方面进行综合考量；如果当年报名朋辈导师的人数超出需求，课程主任会进行择优推荐，可谓竞争激烈。即便这样，每年在朋辈导师招募期间，报名的学生仍旧不少。以下是一组数据，比对了从 2013 年到 2018 年 5 月，学生申请人数的情况。

表 11-1　MCP 朋辈导师招募历年数据（2013 年—2018 年）

服务学年	MCP 小组数	所需人数	申请人数（约）
2013—2014	107	214	220
2014—2015	117	234	300
2015—2016	124	148	400
2016—2017	130	260	600
2017—2018	143	286	300
2018—2019	159	318	454

（二）朋辈导师招募要求

（1）CGPA 不低于 2.50，无违规违纪（包括晚归）记录；

（2）申请者必须参加所有的朋辈导师相关培训并通过审核，在任期（一学年）不得参与交换生计划；

（3）申请者不得兼任学生社团或组织的负责人以及学长舍堂导师；

（4）通过考核的朋辈导师应当提前约一周返校参加迎新营。

（三）朋辈导师迎新工作

（1）开学前发放小组名单；

（2）校园参观——朋辈导师引导组员参观校园，了解校园；

（3）老师见面——朋辈导师带领新生与专业课程老师及学部院长见面；

（4）开学典礼——朋辈导师引导新生出席开学典礼；

（5）朋辈导师见面会——与各学部负责老师见面，反映问题，提出建议。

（四）朋辈导师开学后的工作

（1）专业迎新——各专业 MCP 小组联合举办破冰活动；

（2）小组活动——朋辈导师组织本小组活动（郊游、聚餐等）；

（3）导师面谈——朋辈导师组织组员与导师一对一面谈（确定面谈时间、场地等），协助导师进行面谈记录等。

（五）运动会（每年 11 月）

大一同学通过 MCP 小组报名，以小组为单位，参加运动会中的趣味项目比赛，以此加强 MCP 小组的凝聚力。

（六）MCP 中期评估（每年 12 月）

学生事务处每年将会给导师、朋辈导师以及组员分别发放调查问卷，以了解他们各自的收获与需求、对 MCP 的建议等，同时也可了解到该年度 MCP 的实施成果。在此期间，朋辈导师须帮助提醒导师和组员们及时填写好调查问卷。

（七）朋辈导师聚会

各专业朋辈导师联络人一起分享组织活动的经验和遇到的问题，也可以提供新的活动建议与想法。

（八）朋辈导师第二学期的工作

（1）小组活动——朋辈导师组织本小组的活动（郊游、聚餐等）；

（2）导师面谈——朋辈导师组织组员与导师的一对一面谈（确定面谈时间、场地等），协助导师进行面谈记录等；

（3）朋辈导师嘉许典礼。

朋辈导师嘉许典礼于每年五月举行，以嘉奖朋辈导师在该学年的贡献。届时被提名的朋辈导师将获颁嘉许状，嘉许状分为杰出和优秀两个等级，需要导师对本组的朋辈导师提名。

在嘉许典礼前，朋辈导师们需要准备各小组在 MCP 活动时的照片或者视频，用于制作展板或者视频在嘉许典礼前后展出。

（九）MCP 小组活动

活动类型：聚餐、郊游、茶话会、看电影、打球等。

案例 1：

科技理工学部计算机科学与技术专业季春艳老师会邀请组员到自己家中聚餐，他们会自己购买食材，一起包饺子。导师与学生通过这种"家常"活动很快地拉近了彼此的距离。

案例 2：

工商管理学部电子商务专业系主任（同时担任导师）主动邀请本专业所有同学去番禺大夫山爬山，烧烤。

案例 3：

一新生入学后感到很难适应 UIC 的学习环境，每日心情郁闷，无心向学，甚至产生了退学的念头。其组很快发现了问题并邮件反馈给学生事务处，心理辅导老师及时对该生进行心理辅导，同时该生的导师也积极与学生事务处联系，反馈自己与该生面谈的情况，表示会尽其所能地帮助这位同学走出困境。经过朋辈导师与导师以及心理辅导老师的共同帮助，该同学渡过了难关。

（十）MCP 成果反馈（问卷调查）

MCP 调查问卷显示：75% 以上的导师认为朋辈导师在组织面谈以及活动中起到了非常大的作用；96% 的导师认为 MCP 对新生快速熟悉校园，适应大学生活有非常大的作用；92% 的导师认为他们的意见对于组员提高学习效率和成绩是很有用的；91% 的导师认为朋辈导师经验分享对新生是非常有帮助的；95% 以上的朋辈导师与组员的关系非常好。大多数朋辈导师表示朋辈导师的角色帮助他们更好地学习如何与搭档合作、与导师沟通，锻炼了人际交往、组织活动的能力。

大部分组员表示，他们会向导师和朋辈导师寻求帮助；MCP 有助于增进他们与同年级同学、与任课老师的关系，帮助他们快速适应大学生活、解决学业问题，获得更好的成绩。同时他们也表达了想成为朋辈导师的意愿。

第二节　MCP 中的角色与职责

一、导师的角色与职责

（一）角色

（1）观察者：了解组员的学习和日常生活，及时发现组员遇到的问题；

（2）照顾者：与组员进行有效的沟通，打造导师与组员相互信任的关系网，营造一种关心与支持的氛围，以便组员在需要时寻求帮助；

（3）指导者：为组员在 UIC 的学习和生活提供指导和建议；

（4）调解员：充当学校和学生之间的桥梁；

（5）资源提供者：提供有用的信息，为组员适应大学生活提供便利。

（二）职责

（1）每学期与组员单独面谈至少一次，完成 MCP 评估表，并发送至 uicmcp@uic.edu.hk，MCP 中心设有活动场所、会谈室，由值班人员负责。导师或者朋辈导师可以通过发送邮件预订场地，也可直接到负责老师办公室预订；

（2）每个学期与组员进行至少一次活动；

（3）与朋辈导师保持联络；

（4）指导并参与 MCP 小组活动；

（5）评估本组朋辈导师的表现，并对优秀朋辈导师进行提名；

（6）每学期结束时向各学部/专业报告 MCP 的工作进展情况；

（7）完成 MCP 年度评估调查。

二、朋辈导师的角色与职责

（一）角色

（1）信息提供者：向新生提供有用的信息，协助新生更好地适应大学的学习模式，认识及熟悉周边生活环境，尽快融入大学生活；

（2）建议提供者：在组员需要时，与组员一起探讨其所面临的问题，提供自身的经验与建议作为参考；

（3）活动组织者：负责举办多姿多彩的 MCP 活动（包括参与新生的迎新工作），丰富组员生活，促进组员个人发展，营造良好氛围，提升新生对校园的归属感；

（4）导师协助者：主动与组员沟通和联络，了解组员状况等，但不等同于导师的"秘书"；

（5）中介桥梁：保持与组员的联络，发现组员的特殊问题或需求，及时反映给导师或学校相关部门。

（二）职责

（1）联络导师与组员进行一对一面谈，协助导师预订场地；

（2）每个学期组织至少举办一次小组活动并邀请导师参与；

（3）与导师和组员保持联络，将组员的特殊情况告知导师；

（4）帮助组员适应大学生活；

（5）如导师要求朋辈导师协助报销活动经费，则帮助导师进行报销，如导师未要求，则无须朋辈导师负责报销活动经费；

（6）完成MCP年度评估调查。

第三节　朋辈导师守则

一、朋辈导师守则

朋辈导师作为连接新生与学校的重要桥梁之一，代表了UIC的形象。在这个岗位上，朋辈导师需要遵守一些基本守则：

（1）需尊重组员的宗教、信仰、民族习惯等；

（2）对于能力范围之外的状况，尤其涉及组员或他人健康、安全的问题，及时向导师、学生事务处的辅导员等寻求帮助；

（3）禁止利用MCP小组进行商业或其他为个人谋取物质利益的行为；

（4）在MCP活动中，避免因个人关系、喜好而影响到其他组员，或在组内做出不公正、不公平的判断及行为；

（5）对组员的个人信息进行保密；

（6）谨记，朋辈导师作为组员榜样，在MCP中起表率作用；

（7）在与组员交往中，如感觉到严重不舒服或者产生冲突的时候，则向导师或者学生事务处学生支援服务组寻求帮助；

（8）朋辈导师如因故无法出席MCP相关活动，应向学生事务处提出申请；因故缺席活动三次或无故缺席两次者，将被书面提醒，并通知其系主任及导师。

二、朋辈导师奖惩制度

根据朋辈导师的表现，由导师与学生事务处共同评定，对于表现优异的朋辈导师，校方会由院长签署的嘉许信，以资鼓励；如未能履行朋辈导师职责，除不获得颁发嘉许信外，亦会被取消"朋辈导师"资格及称号，涉及违规者更会交予学校的学生纪律委员会跟进处理。

三、朋辈导师注意事项

（1）举办任何MCP活动，务必与导师联系，获得导师同意与批准；

（2）尽量将每一个组员都纳入团队；

（3）邀请导师参与MCP活动（尽量提前告知，以便他/她预留时间）；

（4）请勿组织奢侈或代表不良生活方式的活动；

（5）不举办危险性活动；

（6）请勿组织带有宗教性质的活动；

（7）朋辈导师不需自己垫付活动资金，向导师申请组织活动时，可申请预支资金；

（8）朋辈导师不具备报销资格，需导师亲自签字报销，报销的活动资金也直接交与导师；

（9）朋辈导师活动费用不可超支；

（10）组织活动，请提前制订活动计划书。

四、师生活动中心发展

（一）建立背景

UIC 自 2005 年 11 月建校，教学楼及宿舍均借用北京师范大学珠海分校原有场地励泽楼，校园设施包括教学楼、讲堂、会议室、实验室、计算机中心、行政楼及学生活动中心分两期，分别在 2006 年及 2007 年建设完成。校园设计采用低密度建筑，总体面积约有 136 000 ㎡，场地非常有限，所以建校之初并没有师生活动中心的规划。随着 UIC 的发展，至 2011 年 UIC 在校人数已达 4400 余人，随着位于旧文化小镇的图书馆的落成，如何为师生提供更丰富的场地资源成了迫切需要，位于教学楼 A 区（即图书馆旧址）的两层建筑，经过装修后，成了 UIC 第一个师生活动中心，此中心的成立，对丰富 UIC 师生校园文化生活起到了很大的作用。

随着 UIC 的发展壮大，旧校园的设施已无法满足其发展需求，在珠海市政府的大力支持下，UIC 位于会同古村的新校园用地逐步落实，新校园的建设进入日程。位于会同村的新校园占地 300 亩，教学区域面积增加了 4 倍，在这一前提下，UIC 第二个师生活动中心建成，占地面积 1200 ㎡，装修工程在 2015 年 8 月开工，2015 年 10 月竣工。

2018 年 9 月，UIC 位于会同古村的新校园已初步完工，校园整体搬迁工程启动，位于旧校区的师生活动中心停用。考虑到在校学生及教职员人数已达 6000 余人，且随着校园面积的增加及资源的合理分配，新校园原有的师生活动中心已不能满足日常需求，位于 T4 二楼的师生活动中心应运而生。

从国际化的角度来看，师生活动中心是西方大学校园中一种很普遍的建筑类型，是校园中的重要建筑之一。国际化大学规划较完善的师生活动中心建筑地点为学校内中心地带，人流较多，从功能上满足师生休息、学习、活动、生活等需求，为师生提供一个多功能的中心。UIC 作为一所国际化的大学，除了课程及理念要与国际化大学接轨外，建筑风格及功能设置等方面都应向国际化看齐。因此，在建设第三个师生活动中心时，就以国际化的标准进行设计，力求将其建设成为一个可供师生生活、学习、娱乐的集多种功能于一身的场所，成为能丰富师生精神文化的场所，这样的场所在 UIC 的国际化发展道路上必不可少。

（二）师生活动中心的发展与变迁

1. 师生活动中心的设计与布局

2011 年，由于旧校园条件有限，UIC 学生及教师活动休闲空间相对缺乏，恰逢旧文化小镇图书馆建成，为弥补这一不足，特在教学楼与校湖之间设立了这一区域，建成集学习、休闲、娱乐于一体的多功能活动中心，为全校师生搭建了交流及活动的平台，这也是师生活动中心成立的初衷。

旧校园师生活动中心占地面积超过 1000 ㎡，属于教学楼 A 区域，简称 "A 区"，是校园核心建筑之一。师生活动中心这类文化性建筑，除了它本身的建筑功能外，最重点的是如何从它身上体现校园文化氛围与博雅教育理念。建筑上层设有校史展览馆、接待厅、校董会议室等，与教学楼过道对接；下层主要为师生活动区，划分为休闲区以及中央舞台活动区。休闲区靠近湖边，以便于师生在自然景色中身心放松，舒缓减压。此区域有休闲沙发及茶水吧，茶水吧由学生社会企业团队负责管理，为师生提供服务，服务类型包括午餐预订、饮料配送等；中央舞台区域可容纳约 150 人，并设有音控房及化妆间，供举办中小型学生活动使用，如音乐会、小型讲座、论坛等。除此以外，还分别设有美善生活空间、舞蹈房、棋牌室、多媒体影音室等独立文娱室。在设计上，充分考虑到师生休闲、文化、娱乐、艺术、体育等发展需要，最大限度利用空间。在户外区域铺设阶梯沿湖平台，供师生非正式聚会或全人课程使用。

2015 年 10 月，随着会同古村新文化小镇一期工程的落成，位于 T29 的师生活动中心也开始面向全校师生开放。沿袭师生活动中心的多元设计理念，在区域功能划分上灵活性更大。新文化小镇一期的师生活动中心占地约 1200 ㎡，设有可容纳约 180 人的中央舞台，多功能美善生活空间 A 房和 B 房，主要承接学生舞蹈、瑜伽课程及社团活动排练，且有足够的休憩空间供师生休闲活动及学习交流。

2017 年暑假，UIC 校园整体搬迁至珠海会同古村，旧校园的师生活动中心关闭。同时，学校意识到随着新校园的发展、师生队伍的壮大以及博雅教育发展理念的延伸，学生需要更多自主管理与活动的空间。因此，T4 师生活动中心开始筹建。相比前两个师生活动中心，新的师生活动中心地理位置更为优越，硬件设施更为完善。整体场馆采用半弧形设计，以橙色及绿色为主题色，以体现UIC学生的活力和精神风貌。背靠射道馆与后山，临校湖观景台，拥有180度校湖湖景以及多功能露台。T4新师生活动中心的定位充分贯彻"以学生为本"的学生事务管理理念，除了设有充足的休闲空间与多功能活动舞台，更在其中为学生会、专业学会、学生兴趣社团划分了办公室及会议室。充分利用有限的资源，让学生组织实现自主管理，为培养学生领导力发展搭建了广阔的平台。

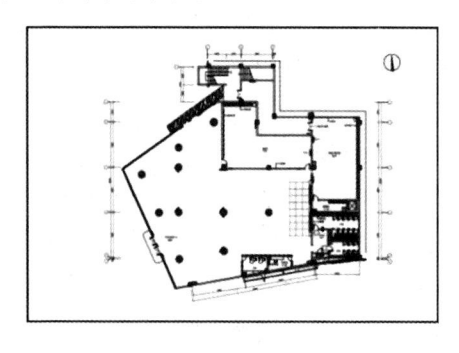

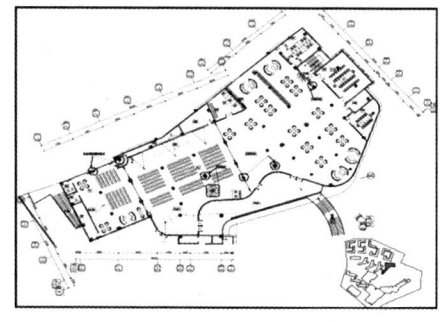

图 11-1　T29 师生活动中

图 11-2　T4 师生活动中心

2.师生活动中心的运转与管理

从2011年启用至今，师生活动中心已然形成一套完整的运转模式。运营之初，为整合资源学生事务处便出台了《师生活动中心场地及设施的使用借用规定》以及相关注意事项。

作为UIC学生和教师活动的主要场地，对校外活动或校内营利性的活动采取有偿使用的方式；对校内学生以及老师的非营利性活动则免费，但统一需要提前向学生事务处—师生活动中心的管理老师预订，以先到先得的原则予以安排。每学期，师生活动中心的功能室以及活动场地优先供全人教育办公室开办的课程使用。全校师生均可以在学校主页进入师生活动中心页面查询场地预定情况，避免时间冲突。我们期待，日后可投入资源开发网络平台进行场地预订，提高效率。

为贯彻学生自主管理的原则，师生活动中心前台会提供勤工俭学与实践的平台，定期安排学生值班。学生的主要工作为：维持场馆秩序，接收预定表单和协助场地预定，前台咨询引导工作，协助维持场地卫生、设施桌椅摆放整齐以及活动后的及时复原工作。

师生活动中心也会根据使用情况，进行定期的场地调整及设施设备添置。如期末考试期间，师生活动中心停止接受活动预定，将公共区域布置成自习室，以缓解自习室的压力，提供更舒适的空间供学生学习；定期检查设施设备的使用情况，并根据实际情况进行采购和维修；UIC西方文化氛围浓厚，每逢圣诞节，都会摆放节日装饰；开发系列活动帮助学生减压和舒缓紧张的学习气氛。

每学期学校师生关系委员会中，管理人员将该学期师生活动中心的运行及使用情况进行汇报（其中包括场地使用率、已举办活动以及设施整改添置等情况），上报到 UIC 师生关系委员会，接受其审查。

由学生事务处管理师生活动中心在国内外都鲜有先例，在此过程中我们也在不断摸索，因地制宜。学生事务处管理全校学生组织、学生活动、社区生活等，彰显学生事务处的管理优势。我们了解学生需求，带动学生参与管理过程，鼓励学生利用师生活动中心的多元空间丰富课余生活，师生同乐，使场地管理与使用者本身紧密联系起来，从而最大限度地合理分配学校资源。当然这样的模式存在着一定弊端，在场地管理的专业化方面与物业公司或专门的场地管理团队仍有一定距离。音响等专业电子设备的使用，硬件设施的日常维护及维修必须与物业公司对接。如此就难以避免存在一定的滞后或沟通延时。针对这一弊端，我们在新校园师生活动中心的日常管理当中加强了与物业以及供应商的沟通，加强了对场地管理人员的技能培训；另一方面出台明确的器材设备使用规范，更全方位地掌握场地使用动态，避免资源的浪费与流失。

3. 学生参与开发

现代教育模式已然发生改变，大学生的学习空间不再停留在课堂，他们需要把更多的时间用在实践探索与讨论上，师生活动中心作为学生活动的重要场所，也恰好提供了这样一个平台。受使命感驱动，我们需要找到新的运行管理模式，在 UIC 师生活动中心推行一种文化浸染的模式，使学生角色从被动到主动，将"教育引导"的作用充分发挥出来。所以，在最新建成的师生活动中心成立之初，我们引入学生参与开发的概念，集思广益，让学生会、兴趣社团乃至学生个体都参与到中心活动开发中来，学生也可以对中心的布局、设施、宣传品与装饰等提出意见，以个性化和便利化等服务为前提，参考学生的意见，师生共同商讨制订方案。将学生需求、多角色参与管理、场地信息跟踪与反馈、活动效果评价等进行有效整合，强调"学生参与服务、参与管理"的服务理念，甚至将事务管理延伸至成长服务。

（三）场地管理及特色活动，对全人教育发展的贡献

UIC 师生活动中心成立后承办了许多校内外中小型活动。因旧校区校园场地受限等因素，师生活动中心活动类型与规模亦有所限制。

一路走来，师生活动中心举办过的活动主要分为由师生活动中心主办的

自有活动及以师生活动中心为主场地的活动两部分。自有活动包括：午间谈话、午间新闻、外国文化周、午间音乐会、电影放映日等；以师生活动中心为主场地的活动有：校园歌手大赛、领导力训练营、苑舍论坛、情绪智能培训课程、社企开放日、兴趣社团的日常培训、校园开放日、校友分享会、太极课程、健康生活方式工作坊、话剧表演、舞蹈表演、社团晚间直播、学生会广播站日间广播、海外留学分享会等。

2017年11月，适逢UIC正式搬入新校园，新校园的庆典活动十分丰富，有更多的场地选择，且设备更加完善，因此在师生活动中心举办的活动相对有所减少。回想搬进新校园的第一个学期，在师生活动中心由学生事务处举办的大型活动有苑舍晚宴、各专业破冰、兴趣社团新学期招新等。而每年由师生活动中心主办的摄影展、午间音乐会既能提高学生的审美素养，又提醒着他们生活处处都不缺少美，只缺少发现美的眼睛，让同学们在紧张紧凑的学习生活中，暂时停顿一下，细细品味校园生活的美好。让学生了解学校的运行模式并参与其中，实际上也从另一个维度强化了学生与老师、辅导员的关系，为增进师生关系做出了卓越贡献。

纵观国外的大学院校，如：英国约克大学（University of York）、伍伦贡大学（University of Wollongong），都对学生的课外活动十分重视，定期举办学生课外活动，对不同的活动提供不同的场地。

如英国约克大学，每年举办酒吧街一日游、夏日派对、社团活动、音乐节、名人讲座、圣诞集市、烘焙大赛等。英国约克大学占地面积约200英亩，校内设有多座院系建筑，教学楼与宿舍楼分开，而学生活动的场所位于宿舍楼区。九个小区宿舍均设有公共活动空间，提供休闲娱乐区域给学生休闲活动。公共活动空间（Common Building/Common Room）是学生日常聚会以及举办娱乐活动的主要场所，里面的设施包括堆积木、电子钢琴、乒乓球、麻将等，而旁边通常还设有餐厅。约克大学还拥有由学生会全权管理的电影院，该电影院对所有人开放，每周至少放3部电影，是约克郡最便宜的电影院。约克大学校内有部分餐厅提供鸡尾酒甚至配备酒吧。UIC与约克大学相似的是都十分注重学生的课外活动，提供丰富多样的场地给学生进行社团活动或大型演出；同样每个宿舍楼栋下均设有公共空间，师生可在此举办小范围的休闲活动。根据我国基本国情及全人教育的办学理念，我校对学生的行为规范与全方位发展更为重视，学生活动的场地也由学生事务处职员进行规范管理，并实时监控。

伍伦贡大学相对来说没有那么多场所提供给学生。据了解，社团活动大部分在户外，包括学校池塘边的草坪，学校的酒吧；特别大型的演出一般在

67号楼；小型的讲座或论坛则会选择在教学楼的教室里。另，每周三有集市，以及每年一次的环球摊位之旅。每年各国的大型节日都会举办相应的庆祝活动，全国各地的学生都可以在这里找到归属感，比如中国学生会筹办中秋晚会、新春晚会等。相比之下，UIC的场地资源更丰富，除了教学楼设有多媒体教室外，还有两个集休闲娱乐于一体的多功能师生活动中心，设有舞台、音响设备、休闲阅读区以及户外休憩区等。此外，参考香港浸会大学的设置，UIC还设有宿舍楼层的公共空间，大型活动则可选择大学会堂或演艺厅。多功能厅可举办大型论坛或研讨会，亦可举办高桌晚宴等校内活动。师生活动场所多样化，为培养学生多方面的才能提供广阔的空间。

（四）未来蓝图

从第一个师生活动中心到第三个师生活动中心，我们在继承其优点的基础上，又在不断地根据UIC的发展状况参考国际化的蓝图，进行资源整合及规划。但由于现实情况的限制，仍然有许多不尽人意的地方，为此我们希望在今后师生活动中心的发展过程中，能找到更好的契合点进行利用和改造。根据学校师生活动情况及场地需求，调整场地的用途和设备。

运用智能化设备进行场地管理，如门禁系统，对出入者进行登记和统计；监控系统，保证师生活动中心的秩序与师生安全；自助预订系统，确保场地的使用效率，避免资源浪费。积极创建一个高效、绿色、环保的师生活动中心。

我们必须建立一套行之有效的场地使用规定和设备使用流程，制作简单的使用指南，让师生使用起来更加便利。同时，参考国际化大学师生活动中心的规划，充分发挥师生活动中心的多功能性和场地使用的灵活性，将师生活动中心打造成多功能区域，既可供学生上课，也可以开设讲座、自由练习、举办社团活动、讨论交流、学习、休闲及减压等，同一个区域能从多方面满足学生的不同需求。

另一方面，我们亦致力于打造师生活动中心的品牌活动，从学生和教师的需求出发，举办多种类型的活动，并使之成为传统的品牌活动。

与周边青山绿水相互配合，相互映衬，提升环境融合度，让来到这里的人群感到舒心，并享受这个场地一起活动；提高师生活动中心的使用效率，使这里充满活力与生机。

新校园的师生活动中心，给我们留下了太多的想象空间。这里将成为绿色、开放、富于交流的王国；这里将成为创新、创业、探索科学的基地；这里将成为多元碰撞、融合交汇的源泉。在UIC官方微信公众号上，校方表示师生活动中心将和校园的其他场地相互配合，并与周边的社区融为一体，互补长短，为我校的博雅教育和全人教育理念做出积极的贡献。

第十二章　全人教育的理念和实践

第一节　欧美博雅教育的传统与诠释

欧美各知名研究型大学的本科生培养，包括哈佛、耶鲁、牛津、剑桥在内实行的都是博雅教育。另外，还存在大量专注于博雅教育的小而精的博雅学院。博雅教育的内容通常包括通识教育（General Education）课程和专业课程两部分，其中通识课程包括文、史、哲、数学、科学、艺术等无论哪一种专业的学生均须修读的共同科目。博雅教育旨在培养知识广博、通达文雅的人，而非仅限于某狭窄领域熟习一技一艺的专才或匠人。

博雅教育其实是中西共通的理念，可以追溯到古希腊培养"自由人"的教育和先秦时期儒家的"君子"之教。欧美的博雅教育传统在民国时期曾被移植于中国，其与中国传统"君子不器"的培养通才的理念也有相当的契合度。遗憾的是，自五四以来，中国一步步远离了自己悠久的教育传统，并在二十世纪五十年代实施全盘苏化，输入了苏联一整套的社会主义/共产主义教育体制和理念，形成了培养片面专才，尤其是工具化理工科专才的教育体制和理念。

在过去二十年间，博雅教育和通识教育又重新引起了内地高等教育界的关注。在文化素质教育的概念引领下，零星的、小规模的试验在各地启动。联合国际学院在创校之初即确定以美式博雅教育（Liberal Education）为模范，建立内地首家小而精的博雅大学（Liberal Arts University）的目标。联合国际学院重新尝试博雅教育的全方位实验具有特别的意义，这不仅表明中国能以更开放的胸怀吸纳其他优秀文化资源，更是为中国传统文化生命的复兴与创新提供了一个契机。

UIC意欲把博雅教育移植于中国内地，必须按照中国的现实社会环境和历史文化传统加以诠释，其成果就是"课程化的全人教育模式"。全人教育学科的课程设计必然是一个国际化和本土化相结合的教育创新、文化创新的过程。UIC 的全人教育课程一方面在教育目标上传承了香港浸会大学全人教育的理念；另一方面在教育内容上又针对中国内地的具体情况、文化传统和时代特点等，补充了东方的哲学思想。从 2005 年开始，UIC 已经建立起系统化的全人教育课程，关注学生的发展，强调从体验中学习，知行合一。UIC 全人教育课程标志着一种中西结合的博雅理念，创新的全人发展教育模式已初见成效。全人教育课程已经成为 UIC 创新博雅教育的核心理念和灵魂。

第二节　全人教育的国际化与本土化

在西方，全人教育作为一种带有"建构性后现代主义"的教育思潮，兴起于 20 世纪 60 至 70 年代的美国。人们当时开始对现代工业文明带来的，如环境恶化、生态失衡、核武威胁、战争频仍、人的异化、消费至上等种种问题进行质疑和反思。教育界意识到需要纠正现代工业文明过于看重技术理性的功利主义，认为需要重新反思教育的目的，避免教育片面化倾向，从而形成以"追求人的整体发展"为要旨的全人教育运动。

这一思潮，一反西方传统关于人性本恶的假设，转而认可人性中善的存在，以有机整体观为哲学基础，视人和社会、自然为有机生命共同体，视教育和学习为人内在善性的有机成长和人的潜能的全面发展，追求达至人与人、人与自然、人与自我的和谐。

如同博雅教育，全人教育也是中西共通的教育理念。如孔子的教育理想，便是一种人的教育，全人的教育。孔子的教育宗旨，乃为全人类，为全人类中每个人的全部生命。此教育宗旨，成为中国教育史上一大趋向。王国维也早于 1903 年提出"人是知情意的综合体"这一全人定义，并提出德、智、体、美四育并举的全人教育模式。其后钱穆先生也曾言："中国教育特所注重，乃一种全人教育。所谓全人教育，乃是其人之内在全部生命言。贯彻此内在全部生命而为之中心做主宰者，乃其人之心情德性。故孔子虽以六艺教，而曰志于道、据于德、依于仁、游于艺。其教人终以道德为重，才艺为轻。"由此可知，全人教育强调人的内在全部生命的发展，是中国传统教育思想的精髓。可惜后来随着时代变迁，这种教育模式先为科举八股所害，后受全面苏化的僵硬体制的束缚，再有应试教育和拜金主义等功利思想的冲击，渐渐被国人遗忘。

全人教育是香港浸会大学一贯秉承的育人理念，也是 UIC 创新博雅教育的核心和灵魂。全人教育是一种以人为本的教育理念，旨在培养博雅通达、全面发展的"完整的人"，即所谓的"全人"。全人教育既是人本身全部内在潜能的自由、完整发展的需要，也是人的生活、生命以及终身学习的整体需求。由于与香港浸会大学的渊源，联合国际学院在全人教育学习的安排上，针对内地学生的特点和需求做出了较大调整，形成了独立的课程体系，从而更加系统化，更加强调体验式学习的运用。

综上所述，UIC 的全人教育理念体现了较强的包容性，是对"合内外、通人己、一天人"等中国传统文化命脉中的核心概念的重新肯定，同时也与我国现在提出的"以人为本"、建设"和谐社会"的目标相呼应。

第三节 体验学习——全人教育的教学法

改革开放以来，中国经济急速发展，但社会和家长形成了片面追求个人成功，学业方面片面追求经济回报，轻视学生整体发展，重智育轻德育的功利主义倾向。还有计划生育政策的实施，造成了"独生子女"这一中国独特的社会现象。部分独生子女出现了独立生活能力差，以自我为中心，对社会和他人缺乏关爱等行为，他们成了所有教育工作者必须面对的一大难题。最后应试教育的风气也产生了负面影响。从小学、初中到高中，12 年扎扎实实的应试教育和题海苦战，扼杀了学生对自身和人生规划的开发兴趣，减少了学生与社会接触和全面发展的机会，也抑制了学生的创新能力和动手能力。

全人教育课程的另一个特点是其教学方法采用"体验学习"的方法。体验学习强调亲身经验和反思的重要性，旨在使学生走出单纯的课堂和书本学习方式，在做中学，知行合一，以实现生活即教育，教育即生活的目标。一个完整的体验学习周期包括如下阶段：理论学习、亲身实践、体验反思、超越应用。在体验学习的课堂上，怎么教比教什么更重要，老师的角色从知识的传授者转变为学生自我认识和自我发展的引导者。

全人教育体验学习课程旨在配合学校的通识课程和专业课程，帮助同学培养完整的人格。全人教育课程以学生为本，针对学生自身发展和生活的全部需要，为他们设计了一个系统的、完整的自我发展框架。可以看出全人教育课程提供的学习经验涵盖了如下方面：伦理道德、身体、文化价值、审美、社会责任、环保、人际交往、情绪控制、意志力等。

第四节 全人教育的课程内容

2009 年 7 月，经过严格的审核和讨论，包括七个模块的全人教育体验学习课程正式获香港浸会大学校务会批准，每个模块获一个学分，所有同学必须按规定修满至少 4 个全人教育学分方可毕业。具体安排是（见表 12-1）：一年级全体学生必须修"情绪智能"和"体验拓展"课；二年级学生在一个学期修"义工服务"或"环境意识"课，在另一个学期修"体育文化"或"艺术体验"课；三、四年级时，"逆境求存"为选修课，学生还可以选修之前没有修过的模块。

表 12-1　全人教育大学四年课程计划表

年级	科目	模块	学分	要求
1 年级	1	情绪智能	1	必修
	2	体验拓展	1	必修
2 年级	3	体育文化	1	必修（二选一）
		艺术体验	1	
	4	义工服务	1	必修（二选一）
		环境意识	1	
3／4 年级	—	逆境求存	1	选修

注：毕业最低要求为 4 学分。

第五节　课堂外的全人教育

除了正式取得学分的课程，全人教育办公室还组织丰富多彩的暑期项目，通常持续 3 至 4 周，内容包括义工服务、环境保护、户外登山等。从 2006 至今，全人教育暑期项目走进云南、贵州、青海、四川、陕西、内蒙古、宁夏、西藏偏远山区农村，以及日本、韩国、泰国、柬埔寨等地，开展各种全人教育体验学习活动，大大开阔了学生的视野，增强了他们的爱国情感，以及对个人、家庭和社会的责任感。

UIC 的学生事务工作也是围绕全人教育和体验学习的理念推动开展的，旨在把全人教育体现在学生四年住校的生活中，培育学习型舍堂文化，促进学生互相学习。这既是一种生活教育，也是一种生命教育。学生事务工作范围涵盖很广，包括宿舍管理、领袖才能发展、公民意识建立、兴趣社团发展、学业辅导、专业的心理辅导、择业辅导等。

在理想的状态下，全人教育作为学校的核心教育理念，应该弥漫于教学、行政和学生工作的方方面面。坦白而言，这方面工作的推进是有一定难度的，尤其是在专业教学和行政服务中如何体现全人教育理念。究其原因，主要是大家有着不同的家庭背景，教育和工作经验也不尽相同。全人教育又是一个新理念，大家对它的理解和认同难免有所差异，沟通的成本也很高。即便如此，UIC 在这方面依然在不懈地努力推进。例如，学校专门设立了"全人教育体验学习委员会"，召集不同专业、学部的老师一起，来统筹协调全人教育和体验学习的相关工作。

第六节　全人教育的社会效应

　　自 2008 年起，随着各全人教育课程的开设，UIC 开始尝试向社会上不同的组织和机构推广全人教育的课程和理念，以满足更多人终身学习和全人发展的需要。2008 年 4 月 30 日，珠海市教育局局长钟以俊先生率珠海市中学校长团到访 UIC，体验了全人教育的部分活动。2009 年 2—12 月，UIC 与珠海市高新区国税局签约，为之提供整年的全人教育培训活动。2009 年 5—10 月，又与珠海市万山区国税局签约，为之提供主题为"海洋文化"的全人教育培训活动。此举开创了公务员培训的先河，标志着全人教育开始走出校园，得到社会人士的认可。经过全人教育培训之后，高新区国税局队伍面貌为之一新，服务水平提升，成为 2009 年度珠海市唯一一个荣获国家级先进集体荣誉的公务员单位。

　　大学教育何为？中国教育改革路在何方？这些都是历久常新、不容回避的问题。UIC 不断以自己的创新实践探索为这些问题提供答案。值得鼓舞的是，很多毕业生都对他们在 UIC 体验过的全人教育课程引以为傲。UIC 校董事会主席许嘉璐教授在 2005 年 11 月学校成立暨奠基典礼时订下的目标是"UIC 要为中国高等教育发展开辟一条新路"。UIC 全人教育应无愧是这条新路的其中一个特色。至于未来 UIC 的创新博雅教育和全人教育理念能否对中国和社会文化有更大贡献，还有待时间的检验。

第十三章　培养大学生的抗逆力

第一节　大学生需要抗逆力

随着改革开放的推进，中国社会开始转型，如何培育年青一代具备面对逆境以及适应逆境的能力，成为大学教育关注的重点。

人的一生中充满了各种各样的压力与困境，是否拥有良好的抗逆力在一定程度上将决定你生活的质量与人生的价值。拥有较强的抗逆力往往促使人们乐观积极地面对各种挑战、超越自我、减少内在的消极情绪，从而获得更多工作或学习的动力。大学作为一个重要的人生阶段，同样充满了各种逆境与挫折，甚至可以说，当代大学生面对的压力更加复杂——变化太快的世界，严峻的竞争。作为进入社会前的最后一站，大学的模式对刚刚进入大学的学生来说是陌生的、不适应的，没有了家长和老师细心的指导与关注，一些学生只能独自面对未知与困难。因此，拥有良好的抗逆力对大学生来说是必不可少的。

传统的青年发展研究是问题取向的，关注的是如何防止青少年犯错。反之，近代抗逆力理论采用优势视角（Strength Perspective），引导研究者关注风险中的个体和组织的社会资本和能力，是 20 世纪 70 年代以来大学教育工作者的重要理论和实践指引。

"抗逆力"一词来自英文单词"resilience"，原意是弹力、恢复力，后被引入心理学研究中，表示个体用来保护和抵抗各种挫折和困难的潜力和能力。换句话说，"抗逆力"就是使人们在风险和逆境中成功适应的能力。同时，有研究表明，有较强抗逆力的人能够保持良好的心理健康，并能够运用有效的策略让自己从压力事件中迅速恢复。

从上文可见抗逆力被定义为适应逆境的一个过程、一种能力，或者一个结果。抗逆力不能被直接量度，而是通过观察个体在经历逆境后的积极反应进行推测。有许多学者在研究抗逆力时会测量风险因素和保护因素，进而得出个体的抗逆能力。抗逆力被视为风险因素和保护因素互相作用的产物。保护因素能够弱化不利事件带来的消极结果,这得益于保护因素对风险因素起到的缓冲和干扰作用。有些保护因素是固有的,像可塑性等的个体内在能力;另一些则是非固有的,如与抗逆力有关的信念、宗教信仰和个体性格等。风险因素和保护因素复杂的博弈过程受文化和环境的影响,越来越多的文献指出环境因素对抗逆力的影响。

抗逆力亦被视为促进积极适应力的个人特征。有学者指出人们会用不同的方式回应逆境,可总结为五种基本特征:了解生活的目的、不放弃的毅力、对自己的信心、应对逆境时的平和,以及回归内心的能力。这五种特征可被归纳为三大要素:韧性、个人能力和乐观心态。韧性指的是在经历逆境时,个体表现出的平静态度、对情感的控制;个人能力主要强调个体从逆境中恢复、重建的能力;乐观心态则体现个体在逆境中对自身恢复和追求生活目的的信心。

这与现代心理学的正向学派(Positive Psychology)的崛起互为呼应。马丁·塞利格曼(Martin Seligman)提出了"性格优势"(Character Strengths)理论,认为24种性格优势或行动价值(Values in Action)为人们带来"原本的快乐"。本章研究尝试探索抗逆力与性格优势的关系,研究人员在2016年和2017年期间于珠海一所大学邀请应届毕业生填写离校问卷,共收集了1361份有效问卷,研究结果介绍如下文。

第二节 抗逆力与性格优势研究

一般认为,抗逆力是一种身陷压力和困境中也不会被压倒的"品质"。但马斯滕(A.S.Masten)和科斯特沃斯(D.Coastworth)则认为,不能将抗逆力视为个体的一种固定品质,因为面对不同的环境和危险,抗逆力也会有不同的表现,所以应该视抗逆力为一种良好的适应,是在某一时点上,风险因素和保护因素相互影响博弈的过程。与抗逆力紧密相关的两个概念是风险因素和保护因素。正是由于风险因素的存在,个体才能展示出其抗逆能力。

马斯滕等人提出风险/保护因素来自三个方面:

(1)个人层面,包括一些基本的个体特质,如智力水平和性格等;

(2)家庭层面,包括家庭本身的特质以及家庭可以给予孩子的支持、家庭的情感互动;

(3)外部支持层面,包括能够协助儿童和家庭的,在个体和家庭之外的其他任务和制度的外部支持。

不同于中学生，大学生所处的环境更加复杂，面临着来自不同模式的学习压力、就业压力、升学压力、社交压力和恋爱压力。如果过大的压力不能及时有效地排除，就会影响个体的身体和精神健康。虽然这些问题和压力主要靠学生们自我解决，但是也需要外界正确的引导。研究证明，具备多种性格优势的学生在抵抗和解决这些问题上占有相当大的优势，而稳定的外部支持可以帮助和促进个体内在优势的发展，使学生可以更加从容地面对各方压力。在毕业生属性调查问卷中，研究人员使用了共24道问题来测试大学生个体性格中的优势。这24道问题对应了24种性格优势，是由皮特森（Peterson）和塞利格曼于2001年提出的性格评估工具——优势行动价值问卷（Values in Action Inventory of Strengths）。而这24种性格优势被归纳为6大美德：智慧与知识、仁爱、公义、勇气、节制、灵性与超越。这些性格特点体现了个人健康积极的心理状态，不仅可以促进个人的快速成长，还可以促进群体和社会的发展。

第三节　大学毕业生抗逆力与性格优势调查

为研究我国大学生在抗逆力方面的表现以及抗逆力水平与性格优势的关系，研究人员收集了2016年和2017年在广东珠海一所大学内应届准毕业生的问卷数据。其他包括的研究变项还有大学生活参与度等。伟纳（Wagnild, 2010）抗逆力水平调查问卷共25题，分数越高表明抗逆力水平越高。这次调查一共收集到有效问卷1361份，采用SPSS进行统计分析，抗逆力水平的平均值为95.28，平均得分率为76.22%。有效问卷填写人当中有429人（31.52%）为男生，932人（68.48%）为女生，且在得分上性别差异不显著。整份问卷的信度系数（Reliability Coefficient）高，其克隆巴赫系数（Cronbach's Alpha）为0.974，抗逆力部分的克隆巴赫系数为0.932，性格优势部分的克隆巴赫系数为0.965。

如图13-1所示，问题QR9（事情发生总是有原因的）、QR10（无论结果怎样，我都会尽自己最大努力）和QR1（我能适应变化）的平均得分较高，分别是4.19、4.07和4.06分（分数范围为1—5）；相对的，平均得分偏低的问题有QR3（有时，命运或上帝能帮忙）和QR20（我不得不按照预感行事），分别得到3.28和3.44分。余下的题目当中，QR2（拥有亲密、安全的关系）和QR24（通过努力达成自己的目标）的平均得分都高于4分，除此之外所有问题的平均得分都在3.5到4分的区间内，且大多数高于3.7分。

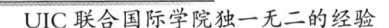

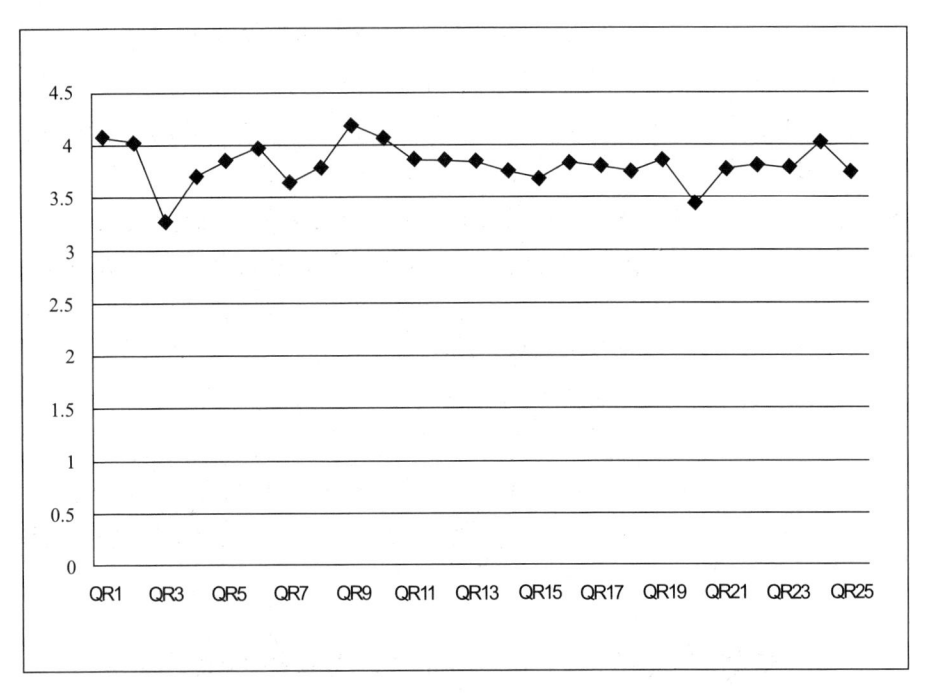

图 13-1　抗逆力各题平均得分（N=1361）

　　从调查数据得知，QR9（事情发生总是有原因的）、QR10（无论结果怎样，我都会尽自己最大努力）和QR24（通过努力达成自己的目标）相对于其他题目来说得分较高；而QR3（有时，命运或上帝能帮忙）和QR20（我不得不按照预感行事）相对于其他题目来说得分较低。结果表明，大多数学生更愿意通过各种途径获取有用的信息来帮助自己实现目标或对抗所面对的逆境，他们并不太相信未知或自己无法掌握的事情。如果可以选择的话，他们更加倾向于选择脚踏实地，用自己的力量和努力去争取自己想要的，而不是听天由命。

　　总体来说，参与者抗逆力良好，在面对大学的各种压力与困境的时候，他们更加倾向于寻找原因、保持一个清晰的思路，制订自己的目标，做出自己最大的努力以寻求一个正面积极的结果，而不是做出逃避或放弃的选择。大多数参与者认为自己有能力处理个人悲观消极的想法和情绪，能够应对各种压力或是将压力转变为自己的力量或动力，从而更从容地掌握自己的生活。

　　抗逆力与其他变项经进行相关分析，得到了表13-1的结果，抗逆力与性格优势的相关系数 $r=.493**$，抗逆力与校园活动参与度相关系数 $r=.305**$。两项变量与抗逆力均呈显著相关性。

表 13-1 抗逆力、性格优势与校园活动参与度之间的相关性分析（N=1361）

		抗逆力	性格优势	校园生活参与度
抗逆力	皮尔森相关（Pearson）	1	.493**	.305**
	显著性（双尾）		0	0
	N	1361	1361	1361
性格优势	皮尔森相关（Pearson）	.493**	1	.442**
	显著性（双尾）	0		0
	N	1361	1361	1361
校园活动参与度	皮尔森相关（Pearson）	.305**	.442**	1
	显著性（双尾）	0	0	
	N	1361	1361	1361

其中，在性格优势的得分上，参与者六项性格美德总得分占各总分的百分比如图 13-2 所示。各项性格美德得分占各总分比率最高的前三项依次为仁爱（74.87%）、灵性与超越（74.36%）、节制（73.45%），参与者在这三项美德方面表现较为突出。

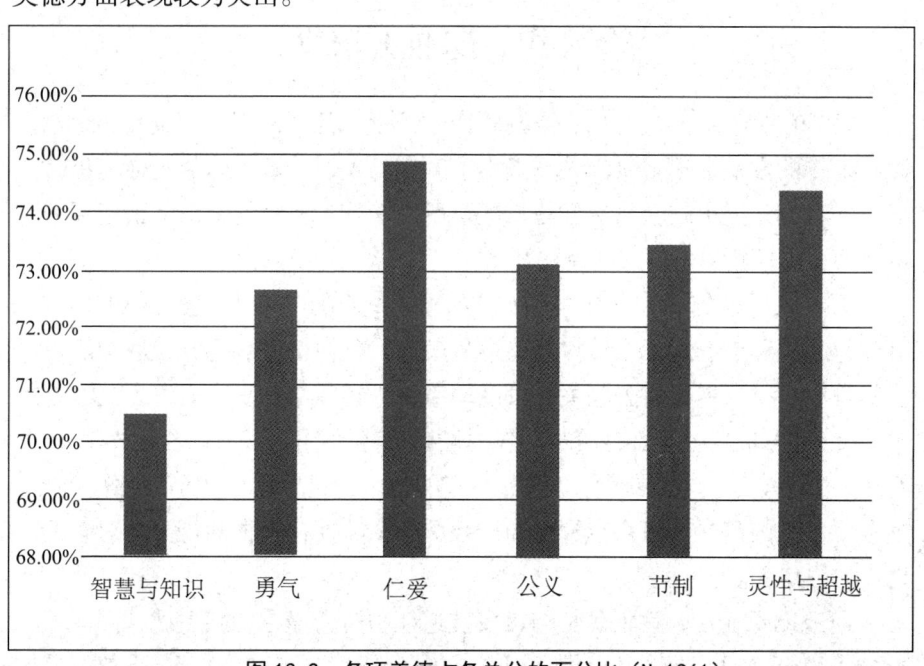

图 13-2 各项美德占各总分的百分比（N=1361）

性格优势得分在性别（男/女）因素影响下差异性低，只有节制（$t=.043$，$p<.05$）和灵性与超越（$t=.043$，$p<.05$）有显著差异，其中节制的得分平均值：男性 $M=14.4802$，女性 $M=14.8085$；灵性与超越的得分平均值：男性 $M=18.3170$，女性 $M=18.7280$。

而每一项性格美德与抗逆力的相关性分析如表13-2所示，可发现各项美德与抗逆力的相关性系数前三位为：智慧与知识（$r=.452**$）、勇气（$r=.446**$）和灵性与超越（$r=.440**$）。在校园活动参与度上，与抗逆力相关性最高的前三项活动为学术活动（$r=.263**$）、志愿者活动（$r=.261**$）、兴趣社团活动（$r=.233**$）。

表13-2 抗逆力与六项性格美德相关性分析（N=1361）

		智慧与知识	勇气	仁爱	公义	节制	灵性与超越
抗逆力	皮尔森相关（Pearson）	.452**	.446**	.390**	.433**	.418**	.440**
	显著性（双尾）	.000	.000	.000	.000	.000	.000
	N	1361	1361	1361	1361	1361	1361

** 表示 $p<.01$

第四节 抗逆力培育

从20世纪90年代开始，受到临床心理学、社区心理学、教育心理学、社会工作的影响，很多研究人员提出了学校为本、社区为本的抗逆力提升方案，并致力于提出整套培育方法。本章研究填补了文献的空白，指出了培育抗逆力可以从正向价值观的建立开始。

在本次的研究当中，参与者在24种性格优势的六项性格美德中仁爱、灵性与超越和节制这三个性格美德得分较高，且性格优势得分受性别的差异性影响小。与抗逆力得分相关性较高的美德为智慧与知识、勇气、灵性与超越三个项目，而这三个性格美德对应的性格优势为创造、好奇、有开放性思维、好学、有洞察力、勇敢、有毅力、正直、热情、对美和卓越的欣赏、感激、希望、幽默。可惜的是参与者在智慧与知识和勇气两项性格美德的得分相对较低，仍需加强培养。

研究结果显示，性格优势与自我抗逆能力有着显著的相关性，因而培养青少年积极心理，帮助青少年发现和发展各项性格优势有助于提高他们的抗逆能力。为青少年提供一个正向积极的环境，多以优势视角去发掘他们的性格优势，让小小的正念种子在他们的心里发芽并变得茁壮，以抵抗外在的压力和挑战。

另外，学生校园活动参与度与抗逆力也呈现较为显著的相关性，意味着参与更多的校园活动，如学术活动、志愿者活动、兴趣社团等，亦有助于青少年抗逆能力的增强，可惜的是各项活动与抗逆力的相关强度不高，例如：志愿者活动与抗逆力的相关性只有 r=0.261**，即轻微相关。学校方面仍需要探索哪一类活动能有效提高抗逆力。学校可以鼓励学生根据自己的兴趣和需求参与不同类型的校园活动，以帮助他们提高抗逆力。另外，学生校园活动参与度与抗逆力的显著相关关系显示，抗逆力和其外部支持层面的促进因素也是未来可继续探索的方向。

参考文献

[1] 波伊尔. 基础学校——一个学习化的社区大家庭 [M]. 王晓平, 译. 北京: 人民教育出版社, 1998.

[2] 陈丽云, 樊富珉, 官锐园. 身心灵互动健康模式: 小组辅导理论与应用 [M]. 北京: 民族出版社, 2003.

[3] 孙立平. 失衡: 断裂社会的运作逻辑 [M]. 北京: 社会科学文献出版社, 2004.

[4] 王宁. 社会管理十讲 [M]. 广州: 南方日报出版社, 2011.

[5] 颜素珍, 刘桂占. 大学生法律素质存在的问题及原因分析 [J]. 常熟理工学院学报, 2007（12）.

[6] 吴承红. 大学生法律素质培育与高校法制教育研究 [J]. 科教文汇, 2007（6）.

[7] 夏绪梅. 社会企业——一种社会创新的企业形式 [J]. 企业活力, 2009（9）.

[8] 游梦佳. 来华留学生辅导员职业能力及提升研究 [J]. 科教导刊, 2016（6）.

[9] 夏坤, 沈鹏. 新生头年计划: 美国高校入学教育的有效途径——新泽西大学的个案分析 [J]. 贵州师范学院学报, 2008（11）.

[10] 王学臣, 周琰. 大学生的学习观及其与学习动机、自我效能感的关系 [J]. 心理科学, 2008（3）.

[11] 孙立平. 资源重新积聚背景下的底层社会形成 [J]. 战略与管理, 2002（1）.

[12] 何海兵. 我国城市基层社会管理体制的变迁: 从单位制、街居制到社区制 [J]. 管理世界, 2003（6）.

[13] 黄匡忠, 吴耀辉, 杨娜. 再论社会工作三元（教研习）教育模式——社会工作教师承办服务的利弊 [J]. 社会工作, 2013（3）.

[14] 邓志华, 陈维政. 服务型领导研究前沿探析与未来展望 [J]. 当代经济管理, 2015（3）.

[15] 洪成文，李湘萍，燕凌．国际领袖型人才的培养：大学领导人的视角[J]．北京教育，2013（1）．

[16] 梁鹏，谢东宝．新时期高校学生干部领导力培养探索[J]．广州番禺职业技术学院学报，2011（1）．

[17] 唐杰．新形势下高校学生干部应该具备的基本素质及其领导力的开发[J]．湖北函授大学学报，2012（9）．

[18] 翁文艳．大学生领导力开发现状与途径[J]．当代青年研究，2011（3）．

[19] 阎寒，段锦云．服务型领导：概念结构、形成机制和影响效能[J]．心理研究，2013（3）．

[20] 尹自强．新时期学生领导力培养与发展策略[J]．教育与职业，2014（35）．

[21] 于天罡，孙曙光．耶鲁大学领袖人才培养的启示[J]．高教研究与实践，2011（2）．

[22] 肖艾平．论学生社团对大学生就业能力的培养[J]．青年文学家，2010（11）．

[23] 刘玉兰．西方抗逆力理论：转型、演进、争辩和发展[J]．国外社会科学，2011（6）．

[24] 周雅，刘翔平．大学生的性格优势及与主观幸福感的关系[J]．心理发展与教育，2011（5）．

[25] 杨川．新时期大学生法制教育存在的问题与对策研究[D]．西安：西安科技大学，2010．

[26] 张智．论我国高校法制教育的完善[D]．武汉：华中师范大学，2005．

[27] 杨光富．国外领导人才培训模式比较研究[D]．上海：华东师范大学，2007．

[28] 王克．优势视角下的当代大学生抗逆力状况研究[D]．西安：西北大学，2011．

[29] 杨海蛟．充分发挥中国社会管理的优势[N]．中国社会科学报，2011-03-03（8）．

[30] 张春海．社会管理研究成为新热点[N]．中国社会科学报，2011-03-03（6）．

[31] Mcgonigal K. The willpower instinct：how self-control works，why it matters and what you can do to get more of it [M]. USA：Penguin Group Inc，2012.

[32] Mischel W, Shoda Y, Rodriguez M. Delay of gratification in children [J]. Science, 1989, 244 (4907): 933-938.

[33] Masten A S, Best K M, Garmezy N. Resilience and development: contributions from the study of children who overcome adversity [J]. Development and Psychopathology, 1990, 2 (4): 425-444.

[34] Masten A S. Competence in the context of adversity: pathways to resilience and maladaptation from childhood to late adolescence [J]. Development and Psychopathology, 1999, 11 (1): 143-169.